KB193977

중국어권 의료관광 서류의 번역과 작성

본 과제(결과물)는 교육과학기술부의 재원으로 한국연구재단의 지원을 받아 수행된 광역경제권 선도산업 인재양성사업의 연구결과입니다.

중국어권 의료관광 서류의 번역과 작성

| 김남이 지음 |

小花

외국인 관광객 천만 명 시대를 맞이하여 의료와 관광이 결합된 의료관광 사업이 새로운 형태의 고부가가치 산업으로서 각광을 받고 있습니다. 이러한 흐름에 발맞춰 관련 업계에서는 다양한 의료관광 상품을 개발하고, 마케팅 전략을 강화하고 있습니다. 날로 늘어나는 의료관광객에게 질 높은 서비스를 제공하고, 관광객과 원활히 소통하기 위해서는 의료관광 사업 종사자들의 외국어 사용 능력이 무엇보다 중요합니다.

앞으로 의료관광객을 더 많이 유치하고, 한국을 방문한 의료관광객에게 최상의 서비스를 제공하며 분쟁을 최소화하기 위해서는 의료관광 각 단계에서 관련 문서를 문서화하고, 다국어로 번역하는 작업이 필수적입니다. 해외 홍보와 마케팅은 당연히 해당 국가의 언어로 이루어져야 하며, 사업이 활성화될수록 관련 사고나 분쟁의 가능성도 자연히 커지게 마련이기 때문입니다. 따라서 의료관광 사업의 종사자들을 대상으로 외국어를 비롯해서 관련 문서의 작성과 번역 방법을 교육할 필요성이 있습니다.

이 책은 바로 이러한 필요성에 입각하여 예비 의료관광 통번역사 및 코디네이터의 중국어와 번역 교육을 위해 개발되었습니다. 지금까지 전문 번역 교육은 주로 외국어 능력이 일정 단계에 도달한 대학원 학생들을 위주로 이루어져 왔습니다. 그러나 해외 교류가 나날이 활발해짐에 따라 번역 수요가 점점 늘고 있고, 학부 졸업 후에도 업무적인 필요성에 의해 크고 작은 번역 일을 맡게 되는 경우가 많습니다. 따라서 본서는 졸업 후 바로 의료관광 현장에 투입될 중국어 전공자들을 대상으로 번역의 기본 개념을 교육하고 번역 연습을 수행함으로써 실무 응용 능력을 배양하기 위한 목적으로 집필되었습니다.

본서는 총 4부로 구성되어 있습니다. 제I부에서는 번역의 기초, 의료관광 서류 번역의 기본 능력과 지식, 번역 학습의 절차와 방법 등에 대해 개관합니다. 제II부는 의료관광 서류 실전 번역 첫 번째 편으로서 접수표, 문진표, 입원기록지, 각종 동의서(입원, 수술, 검사, 마취, 수혈), 수술기록지, 간호기록지, 진료비계산서, 진료확인서, 처방전, 주의사항 등 원내 문서에 대한 번역 연습을 수행합니다. 제III부는 의료관광 서류 실전 번역 두 번째 편으로서 광고·홍보문, 설명문, 질의응답, 계약서, 서신 등 원외 문서에 대한 번역 연습을 수행합니다. 제IV부에는 제II부와 제III부의 예시문에 대한 참고 번역문을 제시했습니다. 본서에서 제시하는 참고 번역문은 학습자의 편의를 위해 제공된 것으로, 결코 '정답'이 아니라 하나의 대안에 불과하다는 것을 명심해 두기 바랍니다.

이 책은 의료관광 관련 문서를 풍부하게 제시하여 학습자가 언어 능력과 배경지식을 확장하고, 실전 번역 연습을 통해 번역 프로세스를 이해하여 응용력을 키울 수 있도록 구성하였습니다. 앞서 강조했듯이 번역에는 정답이 없으며 번역은 번역사가 자신의 언어로 상황과 맥락에 적절한 최선의 결과물을 제시하는 것입니다. 따라서 다른 사람의 번역 결과물이나 해설을 눈으로만 보는 것은 번역 학습에 그다지 도움이 되지 않습니다. 짧은 문장이라도 몸소 번역을 해보고, 여러 가지 대안을 생각해 보며 번역을 공부하는 다른 학습자들과 토론을 통해 사고를 확장하고 창의성을 키우는 노력이 중요합니다. 따라서 본서는 "어떠한 방법으로 번역해야 한다", "이러한 번역 방법은 틀렸다" 식의 처방적 해설은 최소화하고, 언어적 지식, 문서 작성 지식, 배경지식 제시, 검색 방법 등 방법론적 측면에 초점을 두었습니다. 이 책을 통해 학습자가 번역의 기본 개념을 이해하고, 다양한 예시문에 대해 실전 번역 연습을 함으로써 전반적인 번역 과정을 이해하고 자신만의 번역관을 형성해 나갈 수 있기를 바랍니다.

이 책을 시작할 때부터 완성하기까지 많이 격려해 주시고, 바쁘신 와중에도 자료 수집에 큰 도움을 주신 한림대학교 중국학과 김민호 교수님, 고민희 교수님, 부족한 제자를 늘 물심양면으로 지원해 주시는 이화여자대학교 통역번역대학원 손지봉 교수님, 김혜림 교수님, 신지선 교수님, 그리고 부족한 글을 읽어 주시고 지적해 주신 왕원도 선생님께 깊이 감사드립니다. 또한 번역 자료를 아낌없이 제공해 주시고 필자가 의료 현장을 이해하는 데 많은 도움을 주신 강원도 의료관광지원센터 가족 여러분께 진심으로 감사드립니다. 그리고 출판을 위해 애써 주신 한림대학교 의료관광인재양성센터와 소화출판사에 감사의 말씀을 드립니다.

주위의 수많은 도움과 지원에도 불구하고, 미흡한 점이 많지만 앞으로 수정과 보완을 통해 본서가 의료 분야에 관심이 있는 중국어 번역 학습자에게 조금이나마 도움이 되었으면 하는 바람입니다.

2011년 2월

김남이

일러두기

이 책에 사용된 기호

기호	의 미
□	본문에 등장하거나 주제와 관련한 주요 단어
➤	주요 단어와 함께 익혀 둘 필요가 있는 관련 단어 또는 하위 단어
/	상황, 맥락에 따라 대체 가능한 표현
=	완전히 같은 의미로 서로 바꾸어 사용할 수 있음
㉥	구어나 일상생활에서 주로 사용하는 표현
㉲	문어에서 주로 사용하는 표현
㉖	의료 분야에서 주로 사용하는 표현

※ 구어, 문어, 의료 용어 등의 구분은 명확한 경계나 법칙이 존재하는 것은 아니고 경향성과 빈도수를 의미하며 분류가 서로 겹칠 수 있다. 이 책은 문서의 번역을 다루므로 문어체의 표현이 주를 이루며 용어와 텍스트 설명을 위해 필요한 경우에만 이를 구분하여 표기하였다.

차례

I. 의료관광 서류의 번역: 이론편

III. 의료관광 서류의 번역: 실전편(2) - 원외 문서 -

IV. 참고 번역문

I. 의료관광 서류의 번역: 이론편

제1장 번역의 기초

1. 번역이란

번역(translation) 또는 **문어번역**(written translation)이란 서로 다른 언어를 구사하여 소통이 불가능한 사람들 사이에서 한 언어로 작성된 글을 다른 언어의 글로 바꾸어 **의사소통**이 가능하도록 하는 행위입니다. 이는 말이 통하지 않는 사람 사이에서 **의사소통**을 가능하도록 하는 **통역**(interpreting) 또는 **구어번역**(oral translation)과 대비되는 개념입니다. 번역과 통역을 통칭하여 '통번역'이라고 하며 때로는 번역의 하위 범주에 통역을 분류하기도 합니다.

중국어에서는 **통번역**을 '**翻译** [fānyì]'라고 하는데, '통역하다, 번역하다'라는 동사적 의미 외에 통번역 행위의 주체인 '통역사, 번역사'라는 의미도 있습니다. 말로 이루어지는 통역과 글로 이루어지는 번역을 구분하여 각각 '**口译** [kǒuyì]'와 '**笔译** [bǐyì]'라는 명칭으로 부르기도 합니다.

[그림 1-1] 통역과 번역

이 책에서는 글을 매체로 하여 이루어지는 협의의 번역에 대해서 이해하고, 중국어에서 한국어로 그리고 한국어에서 중국어로 실전 번역 연습을 하고자 합니다. 본격적인 실전 연습에 앞서 번역학과 실무 번역에서 자주 사용하는 용어의 의미와 기본 이론에 대해서 알아봅시다.

2. 번역 전문 용어

의료업계에 종사하기 위해서 의료 용어를 익혀야 하듯, 번역을 하기 위해서는 번역업계에서 자주 사용되는 전문 용어를 알아 둘 필요가 있습니다.

흔히 번역의 대상이 되는 텍스트를 '**원문**(原文 [yuánwén])'이라고 하고, 번역된 결과물 텍스트를 '**번역문**(译文 [yìwén])'이라고 합니다. 번역학에서는 원문의 언어를 **출발어** 또는 **원천언어**(SL, source language, 原语 [yuányǔ])라고 하고, 번역문의 언어를 **도착어** 또는 **목표언어**(TL, target language, 目标语 [mùbiāoyǔ])라고 합니다. 또한 원문을 다른 말로 **출발 텍스트** 또는 **원천 텍스트**(ST, source text, 原文本 [yuánwénběn]), 번역문을 다른 말로 **도착 텍스트** 또는 **목표 텍스트**(TT, target text, 目标文本 [mùbiāowénběn])라고 합니다.

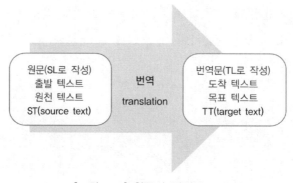

[그림 1-2] 원문과 번역문

또한 번역사들은 자신의 **모국어**(제1언어)를 **A언어**로, **외국어**(제2언어)를 **B언어**로 지칭합니다. 예를 들어, 모국어가 한국어이고, 외국어인 중국어를 구사할 수 있다고 한다면, A언어는 한국어, B언어는 중국어가 됩니다. 이때 AB번역 또는 A to B번역이라고 하면 모국어인 한국어를 외국어인 중국어로 번역하는 것을 뜻하고, BA번역 또는 B to A번역이라고 하면, 외국어인 중국어를 모국어인 한국어로 번역하는 것을 뜻합니다.

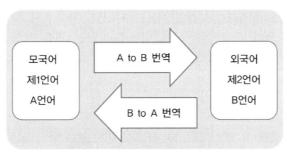

[그림 1-3] A언어와 B언어

3. 번역의 종류

번역은 다양한 기준에 따라 여러 가지로 분류할 수 있습니다. 본서에서는 실전 번역 현장에 대한 이해를 위해 번역 텍스트의 내용과 매체의 성격에 따라 번역을 크게 출판번역, 영상번역, 문서번역의 세 부류로 나누어 알아보겠습니다.

1) 출판번역

흔히 번역이라고 할 때 가장 쉽게 떠올리는 것이 바로 출판번역, 즉 책 번역일 것입니다. 도서 출판을 위해 이루어지는 출판번역은 번역사가 주로 출판사나 번역 에이전시의 의뢰를 받아 문학, 실용, 경제, 정치 등 다양한 분야의 도서를 장기간(수개월)에 걸쳐 번역합니다. 문학 관련 서적은 외국어뿐만 아니라 모국어의 표현 능력이 매우 중요하고, 문학 작품을 잘 이해해야 하기 때문에 주로 글을 잘 쓰는 문학전공 번역사에 의해서 이루어집니다. 반면, 전문 분야의 서적은 외국어 능력과 더불어 전문 지식에 대한 이해가 매우 중요하기 때문에 주로 해당 분야의 전문 지식을 가지고 있는 전문번역사에 의해 이루어집니다.

출판번역은 장기간에 걸쳐 이루어지므로 번역에 앞서 시간 계획을 철저히 세우고 시작해야 합니다. 번역은 고도의 정신적 노동력을 요하기 때문에 하루에 번역할 수 있는 분량은 누구에게나 한계가 있습니다. 따라서 번역의 질을 유지하기 위해서는 평소에 자신이 하루에 소화할 수 있는 번역의 양을 파악해 두고, 이에 맞추어 시간 계획을 세우는 것이 필요합니다.

2) 영상번역

영상번역은 영화사, 방송사, 기업, 번역 에이전시 등의 의뢰를 받아 영화, 드라마, DVD, 교육영상, 홍보영상 등의 자막번역이나 더빙번역을 하는 것을 말합니다. 영상번역은 글자 수와 영상의 제약이 있기 때문에 영상번역만의 다른 번역 전략이 필요합니다. 또한 번역 결과물을 글로 제시하는 자막번역인지 아니면 성우가 더빙을 해야 하는 더빙번역인지에 따라서도 다소 차이가 있습니다. 우선, 자막번역의 경우 한 줄에 10자 내외의 글자 수 제약 (언어와 매체에 따라 다름)이 있기 때문에 원문의 내용을 모두 전달할 수 없습니다. 따라서 번역사는 우선 번역을 한 뒤, 글자 수와 영상에 맞추어 내용을 가감합니다. 양이 넘칠 경우, 영상 정보를 통해 이해가 가능한 부분은 생략을 하는데, 영상번역에서는 이러한 생략의 전략을 잘 활용하는 것이 중요합니다. 다음으로 더빙번역을 할 때는 성우가 읽기 편하도록 구어로 번역을 해야 하며 직접 번역 텍스트를 읽어 보며 배우의 입 모양과 맞춰 보고 길이와 내용을 조정해야 합니다.

요즘에는 케이블 채널이 많아지고 우리나라에서 각종 국제 영화제가 정기적으로 개최되기 때문에 영상번역가의 활동 영역이 예전에 비해 넓어졌습니다. 외국어와 영화를 좋아한다면 영상번역에 도전해 볼 만하지만 중요한 점은 이에 못지않게 모국어 능력이 중요하다는 점입니다. 영상번역은 많은 내용을 제한된 공간에 효율적으로 전달하면서도 감동과 유머 등의 효과를 유지해야 하기 때문에 번역사의 창조성이 많이 요구되는 분야입니다.

3) 문서번역

문서번역은 기업체, 관공서, 번역 에이전시 등의 의뢰를 받아 단기간에 서신, 계약서, 공문서, 보고서, 팸플릿, 매뉴얼 등 일정한 형식이 있는 각종 텍스트를 번역합니다. 주로 전문 분야의 텍스트를 번역하게 되므로 전문 용어에 대한 이해와 정확성이 요구됩니다. 또한 텍스트의 유형에 따라 사용하는 언어가 다르고, 문화와 언어에 따라 텍스트적 관습이 다를 수 있으므로 원어와 번역어의 텍스트 장르 관습에 대해 숙지하는 것이 필요합니다.

[그림 1-4] 관광 홍보 팸플릿 번역

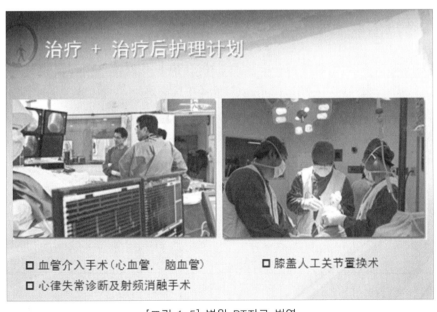

[그림 1-5] 병원 PT자료 번역

　　우리가 이 책에서 공부할 의료관광 서류의 번역은 바로 전형적인 문서번역의 범주에 속합니다. 그럼 다음에서 의료 문서의 특징을 이해하고, 이를 번역하기 위한 준비 과정과 필요한 능력에 대해 알아봅시다.

제2장 의료관광 서류의 이해

1. 의료관광과 번역

최근 한국의 새로운 성장 동력으로 의료관광 사업이 각광을 받고 있습니다. '의료관광 (medical tourism, 医疗旅游 [yīliáolǚyóu])'이란 환자가 자국의 높은 진료비, 낙후된 의료 인프라, 취약한 의료 기술력 등의 이유로 해외에서 양질의 의료서비스를 받으며 동시에 관광 활동을 병행하는 것을 뜻합니다. 의료관광은 다른 언어 · 문화권에 속한 고객에게 의료 및 관광 서비스를 제공하는 것으로, 고객과 원활히 소통하고 나아가 고객의 만족도를 높이기 위해서는 고객이 사용하는 언어로 서비스를 제공해야 합니다. 즉, 해외에 한국의 우수 의료서비스와 관광 자원을 널리 알려 환자를 유치하고, 한국을 방문한 환자가 의료진과 원활히 의사소통을 하여 불편함 없이 의료서비스를 받으며 의료 분쟁 발생시 상호 원만한 해결을 위해서는 의료관광 관련 문서가 양국의 언어로 모두 작성되어야 합니다. 그럼 다음에서 의료관광과 관련된 서류의 종류와 그 특징을 알아봅시다.

2. 의료관광 서류의 종류

서류란 글로 된 문서로서, 전달해야 할 내용을 조리 있고 정연하게 서면으로 정리한 것을 뜻합니다. '의료관광 서류'란 의료관광 사업의 추진 과정에서 관련 당사자들의 편의와 이익을 위해 사용되고 활용되는 모든 문서라고 할 수 있습니다. 이 책에서는 의료관광 서류를 크게 병원 내부에서 주로 사용되는 '원내 문서'와 병원 외부에서 주로 사용되는 '원외 문서'로 분류하고 있습니다.

원내 문서는 병원 내에서 환자와 의료진 간의 의사소통을 도모하여 양질의 의료서비스를 제공하고, 상호 합의한 내용을 서면으로 작성하여 상호간의 신뢰성을 높이며 예기치 못한 분쟁을 예방하고 분쟁 발생시 이를 원만히 해결하기 위한 목적으로 작성되는 문서입니다. 병원 접수에서 진찰, 입원, 수술, 수납, 처방, 사후 관리 등에 이르기까지 진료의 전 과정에서 작성하고 사용하는 진료신청서, 문진표, 입퇴원기록지, 수술기록지, 간호기록지, 각종 동의서(입원, 수술, 검사, 마취, 수혈), 진료비계산서, 진료확인서, 처방전, 주의사항 등의 문서가 포함됩니다.

원외 문서는 병원과 의료관광 관련 기관의 대외 홍보, 교류, 관광 연계, 교육 등 사업 추진 과정에서 작성되고 사용하는 문서입니다. 마케팅, 정보 제공, 계약, 교류 등의 활동을 위해 광고·홍보문, 설명문, 질의응답(Q&A), 계약서, 서신 등의 문서가 사용됩니다.

이처럼 의료관광 서류는 전문성이 강하고 유형이 매우 다양하며 광범위하기 때문에 이를 올바로 이해하고 번역·작성하기 위해서는 의료 지식뿐만 아니라 문서 작성, 법률, 홍보, 마케팅 등 제반 지식이 필요합니다.

3. 의료관광 서류의 특징

의료관광 서류의 공통적인 특징은 대표적으로 다음과 같이 요약할 수 있습니다.

1) 첫째, 목적이 명확하다.

의료관광 서류는 의료관광 사업의 원활한 추진과 관련 당사자들의 편의 및 이익을 위해 제작되므로 매우 뚜렷한 목적을 가지고 있습니다. 진료기록, 지시서, 계약서, 처방전, 동의서 등의 문서는 단순한 정보 전달을 넘어 지시와 명령을 통해 특정 행위를 이끌어 냅니다. 따라서 관련 당사자들 간의 원활한 커뮤니케이션이 이루어지고 소기의 목적을 달성하며 나아가 상호 신뢰를 증진하기 위해서는 의료관광 사업의 추진 과정에서 미흡하거나 부재한 서류 양식에 대해서 지속적인 보완과 보충이 이루어져야 합니다.

2) 둘째, 특정 독자층을 대상으로 한다.

불특정 다수의 독자를 대상으로 작성하는 기사문, 문학작품, 교양서적 등과는 달리 의료 관광 서류는 특정 독자를 대상으로 작성됩니다. 특히 원내 문서는 독자가 환자, 의료진, 전문가 등 소수에 국한되어 있는 경우가 많고, 원외 문서의 경우에도 일반 문서에 비해 독자층이 좁고 특정 독자층을 타깃으로 하는 경우가 많습니다. 따라서 글을 읽게 될 독자를 염두에 두고 적절한 언어와 표현을 구사해야 합니다.

3) 셋째, 고정된 형식이 있다.

의료관광 서류는 작성자가 임의로 형식을 만드는 것이 아니라, 기존의 관습화된 형식이 있습니다. 특히 원내 문서의 경우, 제목에서부터 행간, 용어, 호칭, 크기에 이르기까지 오랜 기간 동안 관습화된 고정 형식이 있으므로 이를 준수해야 합니다. 이는 내부적인 관례일 뿐 아니라 경우에 따라서는 국제적으로도 통용되는 원칙이기 때문에 반드시 숙지해야 합니다. 때로는 다른 언어·문화권 간에 사용하는 형식이 다를 수 있는데, 번역시 이런 문제가 있다면 단순히 문자적 번역만으로는 해결할 수 없습니다. 이 경우에는 우선, 양국의 차이점을 파악하고 관련 분야의 전문가와 상의하여 형식이나 내용을 적절히 수정할 필요가 있습니다.

4) 넷째, 간결하고 정확한 언어를 사용한다.

의료서비스는 신뢰를 바탕으로 이루어지기 때문에 관련 문서도 읽는 이에게 신뢰감을 줄 수 있도록 작성되어야 합니다. 모호하고 과장되며 화려한 문체를 피하고 정확하고 명확한 언어를 사용하여 객관적으로 정보를 전달해야 합니다. 또한 정해진 서식이나 표 등 제한된 지면에 내용을 전달하기 때문에 간결하고 명료한 언어를 사용하여 경제적으로 표현하도록 합니다.

이상의 문서적 특징은 의료관광 서류를 작성하고 번역하는 과정에서 항상 염두에 두어야 합니다. 얼핏 보기에는 지극히 당연한 이러한 특징들이 실전에서 복잡한 번역의 문제를 해결하는 실마리를 제공하는 경우가 많습니다.

제3장 의료관광 서류 번역의 기본 능력과 지식

의료관광 서류는 다양한 분야가 융합된 전문 텍스트이기 때문에 이를 이해하고 번역하기 위해서는 다양한 능력과 지식이 요구됩니다. 그럼 본격적으로 번역 연습을 하기에 앞서 번역에 필요한 능력과 지식에 대해 알아봅시다.

1. 언어 능력

번역에서 가장 기본으로 갖추어야 할 능력은 언어 능력입니다. 번역에서 언어 능력이 중요하다고 하면 흔히 외국어 능력을 떠올리겠지만 이에 못지않게 중요한 것이 바로 모국어 능력입니다. 앞서 번역의 종류에서 출판번역과 영상번역에 대해 이야기할 때 모국어 능력을 강조했지만 사실 모든 종류의 번역에서 모국어 능력이 중요합니다.

번역은 원문에 대한 이해의 과정을 거쳐 도착어로 재표현하는 행위로, 원문에 대한 정확한 이해는 좋은 번역 결과물을 얻기 위한 가장 기본적인 요소입니다. 우리는 모국어를 이용해 사고하기 때문에 이해력은 곧 모국어 능력이라고 말할 수 있습니다. 따라서 AB번역, BA번역을 막론하고 번역은 이해의 기반이 되는 모국어 능력이 중요하며, 평소에 풍부한 독서를 통해 이해력, 논리력, 분석력, 표현력 등을 함양해야 합니다.

물론 모국어가 중요하다고 해서 외국어가 그만큼 덜 중요하다는 것은 절대 아닙니다. 외국어가 이미 상당한 수준에 도달했다 할지라도 꾸준한 공부가 필요합니다. 외국어 습득은 하루아침에 완성되는 것이 아니라 매우 점진적으로 이루어지고, 휘발성이 매우 강하기 때문에 어느 정도 습득을 했을지라도 수시로 기억을 확인해야 합니다.

번역의 방향성으로 번역의 종류를 분류한다면, 앞서 언급했듯 모국어에서 외국어로의 번역인 AB번역과 외국어에서 모국어로의 번역인 BA번역으로 나눌 수 있습니다. 이 두 번역은 얼핏 보기에는 서로 대칭적인 작업처럼 보이지만, 사실은 그렇지 않습니다. 두 번역에서 요구되는 능력이 조금 다른데, 우선 AB번역은 모국어에 대한 이해와 분석력 그리고 외국어에 대한 표현력이 필요합니다. 이때, 성인이 되어 외국어를 학습한 번역학습자가 AB번역을 제대로 수행하기 위해서는 외국어에 대한 탄탄한 문법 지식이 필수적입니다. 스스로 B언어가 아직 부족하다고 생각하는 학습자는 AB번역시 항상 문법책을 곁에 두고, 수시로 찾아보며 부족한 외국어 실력을 보완해야 합니다.

반면, BA번역에서는 외국어에 대한 이해와 모국어의 표현 능력이 필요합니다. 이때 이해한 외국어를 단순히 문법과 의미에 맞게 모국어로 옮기는 것을 넘어서 원문의 어감이나 함축적 의미를 적절히 전달할 수 있어야 합니다. 번역학습자에게 있어 실무에 보다 가까운 번역은 BA번역입니다. 외국어가 어느 정도 수준에 이르기 전까지 AB번역은 학습 차원에서 수행해야 하며, 학습자가 부득이하게 실무 번역으로 AB번역을 할 경우에는 반드시 원어민의 감수를 거쳐 번역을 점검하도록 합니다.

2. 배경지식

번역을 잘하기 위해서는 모국어와 외국어의 언어적 능력 외에도 갖추어야 할 것이 많습니다. 그중 배경지식은 번역 과정에서 정확한 이해를 위해 필수적으로 갖추어야 할 부분입니다.

앞서 번역을 한 언어로 작성된 글을 다른 언어의 글로 바꾸어 의사소통이 가능하도록 하는 행위라고 정의했는데, 이때 의사소통이 이루어지기 위해서는 원문의 **의미**를 유지하고 전달하는 것이 매우 중요합니다. 즉, 원문과 번역문의 의미가 같은 값, 즉 번역학적 개념으로는 '**등가**(equivalence)'를 유지해야 합니다. 그런데 이 의미는 개별 어휘나 문장 속에 고정적으로 존재하는 것이 아니라 번역사의 언어적 지식, 맥락적 지식, 배경지식이 결합하여 생성되는 것입니다.[1] 즉, 같은 글이라도 읽는 사람의 배경지식에 따라 다르게 이해할 수

---

1) 전성기 옮김, 2001, 『번역의 오늘: 해석 이론(Marianne Lederer)』, 고려대학교출판부 참고.

있습니다. 따라서 번역사가 원문을 제대로 이해하고 전달하기 위해서는 원문 텍스트와 관련된 주제지식과 배경지식을 가지고 있어야 합니다. 평소에 주로 번역하는 텍스트 주제 관련된 텍스트를 다독해 배경지식을 확충해 두면 번역 과정에서 정확한 이해와 적절한 표현 구사에 큰 도움이 됩니다.

[그림 3-1] 번역과 배경지식

3. 전문 용어

배경지식을 쌓기 위해 관련 텍스트를 읽는 과정에서 전문 용어를 습득할 수 있습니다. 전문 텍스트의 번역문은 주로 관련 분야에 종사하는 전문가들이 독자층이므로 번역사도 이들이 사용하는 전문 용어를 구사할 수 있어야 합니다. 그러나 번역사들의 기억 용량에도 한계가 있기 때문에 모든 전문 용어를 항상 외우고 있을 수는 없습니다. 따라서 전문 분야의 텍스트를 읽을 때마다 대응되는 모국어와 외국어 쌍을 정리해 두면 나중에 번역할 때 번역 시간을 줄일 수 있고 번역의 질을 높일 수 있는 등 큰 도움이 됩니다. 용어를 정리할 때는 노트나 수첩에 정리하는 방법도 좋지만 엑셀(Excel)과 같은 소프트웨어 프로그램을 활용하면 필요할 때 검색하고 활용하기에 훨씬 편리합니다.

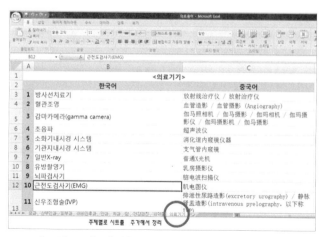

[그림 3-2] 엑셀을 이용한 전문 용어 정리 예시

전문 용어는 특정 분야에서만 전문적으로 사용되고 다른 분야에서는 알려지지 않은 용어입니다. 따라서 일반적인 이중언어사전에만 의존하면 대응되는 용어를 찾기가 어렵습니다. 이중언어사전 외에도 단일언어사전, 전문용어사전, 전문서적, 인터넷 검색 등 가능한 모든 도구를 이용해야 비전문가로서 전문가들의 언어를 정확히 이해하고 표현할 수 있습니다. 그런데 안타깝게도 한국어와 중국어 언어 쌍의 전문용어사전 편찬은 아직 초보 단계입니다. 따라서 어쩔 수 없이 '한국어-영어' 전문용어사전과 '중국어-영어' 전문용어사전을 통해 이중으로 검색하는 수고를 해야 합니다. 사실상 이러한 전문용어사전을 다양하게 갖추기가 어렵기 때문에 주로 인터넷 포털 검색이나 인터넷 전문용어사전을 이용해 용어를 찾습니다. 다음 예문을 보며 인터넷 용어 검색의 예를 들어 보겠습니다.

> 치주검사, 치면세균막검사, 위상차현미경검사 및 방사선촬영을 통하여 치주상태를 평가하고, 그 위험도에 따라 건강한 치주를 유지할 수 있는 방법을 제공하며 전문가 치면세정술을 통해 치아 및 주위조직의 염증원인 물질을 제거합니다.

위의 텍스트에서 '위상차현미경' 같은 용어는 일반 사전에는 수록되지 않은 전문 용어입니다. 이 경우, 우선 국내 인터넷 포털에서 검색을 통해 위상차현미경에 대한 정보를 수집합니다. 위상차현미경에 대한 설명을 읽어 보며 번역 대상 텍스트의 내용과 일치하는지를 확인하고, 정확한 영문명을 찾습니다. 다음으로 검색한 영문명을 이용해 중국 인터넷 포털에서 중문명칭을 검색합니다. 마찬가지로 관련 설명, 맥락, 용법 등이 번역 대상 텍스트와 일치하는지 확인한 뒤 용어 검색을 완료합니다.

지식백과 βeta

위상차현미경 [位相差顯微鏡] 네이버 백과사전 | 광학 및 진동 > 광학기기
무색 투명한 시료라도 내부의 구조를 뚜렷하게 관찰할 수 있도록 한 특수한 **현미경**이다. 물질을 통과한 빛이 물질의 굴절률의 차이에 의해 **위상차**를 갖게 되었을 때 이를 명암으로 바꾸어 ... 더보기
관련항목 현미경, 제르니커, 노벨상

동영상(1)

위상차현미경 [phase-contrast microscope] 영양학용어
광학현미경(light microscope)의 일종으로, 살아 있는 세포처럼 무색투명한 표본의 내부구조까지 관찰할 수 있는 **현미경**. 그 원리는 굴절률 또는 두께의 차를 명암의 차로 바꾸어 상(像)에 콘트라스트(co... 더보기

위상차현미경 [phase contrast microscope] 생명과학용어
무색 투명한 시료라도 내부의 구조를 뚜렷하게 관찰할 수 있도록한 **현미경**. 물질을 통과한 빛이 물질의 굴절률 차이에 의해 **위상차**를 갖게 되었을 때 이를 명암으로 바꾸어 관찰하는 것이다. 1935년 네덜란드... 더보기

지식백과 더보기 ›

[그림 3-3] 한국 포털 사이트 네이버 검색

[그림 3-4] 중국 포털 사이트 Baidu 검색

이렇게 포털 사이트를 통해 용어를 검색할 때 주의할 점은 여러 건의 검색 결과를 비교하여 가장 정확하고 빈번하게 쓰이는 용어를 선정해야 한다는 것입니다. 인터넷에는 다양한 정보가 있는 만큼 오류의 가능성도 높기 때문에 믿을 만한 정보인지를 항상 의심하여 비판적으로 정보를 수집해야 합니다. 또한 같은 전문 용어라고 할지라도 분야에 따라 용법이 다를 수 있고, 특히 중국어권 정보의 경우 중국 대륙과 대만, 홍콩, 싱가포르 등에서 사용하는 용어가 다를 수 있으므로, 정보의 출처를 항상 확인해야·합니다.

이 밖에도 의학 전문 검색 엔진이나 인터넷 의학용어사전을 이용할 수 있습니다. 한국어-영어 의료 용어는 KMLE 의학 검색 엔진(www.kmle.co.kr), 대한의사협회 의학용어집(www.term.kma.org), 중국어-영어 의료 용어는 医网打尽(www.51daifu.net), Dr. Dict(www.drdict.com) 등 검색 엔진을 이용하면 보다 손쉽게 검색할 수 있습니다.

4. 텍스트의 관습에 대한 이해

'관습(convention)'이란 한 사회의 구성원들이 오랜 시간 사용하여 관행처럼 굳어진 암묵적인 행동 규칙입니다. 텍스트의 관습은 언어, 문화와 밀접한 관계를 가지며 텍스트가 해당 사회에서 받아들여지기 위해서는 구성원들이 기대하는 관습을 따를 필요가 있습니다. 따라서 목표 언어권에서 수용 가능한 번역 텍스트 작성을 위해서는 목표 언어권의 텍스트 관습을 잘 이해해야 합니다.

1) 텍스트 유형과 장르 관습

번역에서 고려해야 할 텍스트 관습은 여러 가지가 있습니다. 우선, 텍스트 유형과 장르 관습에 익숙해야 합니다. 텍스트 유형과 장르 관습은 해당 사회의 문화에 따라 표준화된 의사소통의 결과이므로 번역사는 이를 준수해야 합니다. 원천 텍스트와 목표 텍스트의 관습적 차이를 이해하기 위해서는 **병렬 텍스트**(parallel text) 분석이 필요합니다. 병렬 텍스트란 원천 언어권과 목표 언어권에서 동일한 주제와 텍스트 유형으로 작성된 원문 텍스트를 뜻합니다. 즉, 번역문이 아니라 해당 언어를 모국어로 사용하는 저자들이 동일한 주제와 텍스트 유형으로 작성한 텍스트 쌍을 뜻합니다. 예를 들어, 한국어 계약서를 중국어로 번역한다고 가정해 봅시다. 이때 번역을 시작하기 앞서 양국의 계약서 형식의 차이를 파악하고 이해하는 것이 중요합니다. 이를 위해서는 중국어로 쓰인 계약서(번역문이 아니라 원래 중국어로 쓰인 텍스트), 즉 한국어 계약서의 병렬 텍스트를 읽고 형식과 언어적 표현의 차이점을 익힌 뒤 번역을 하면 다방면에서 보다 질 높은 번역 결과물을 작성할 수 있습니다.

병렬 텍스트 분석 결과 원천 텍스트의 관습적 특성과 목표 텍스트의 관습적 특성이 다르다면 번역 과정에서 형식이나 내용의 수정(개작, adaptation)이 필요할 수 있습니다. 이 경우에는 번역사가 원천 텍스트의 작성자 또는 관련 분야의 전문가와 상의하여 최선의 결정을 내려야 합니다.

2) 텍스트 서식 관습

텍스트 서식은 텍스트를 정리하고 꾸미는 일정한 방식으로 텍스트 유형에 따라 차이가 있습니다. 각 텍스트 유형에 공통적으로 적용되는 부분을 정리해 보면 다음과 같습니다. 우선, 글의 제목은 한국어와 중국어 모두 마찬가지로 텍스트의 가운데에 굵은 글씨나 본문보다 조금 큰 글씨로 씁니다. 제목은 너무 길지 않게 압축적으로 작성하며 하나의 문장이라 할지라도 일반적으로 마침표를 사용하지 않습니다.

한 편의 글은 여러 개의 문단으로 구성됩니다. 문단을 시작할 때 한국어에서는 매 단락을 **한 글자** 들여쓰기하는 반면, 중국어에서는 매 단락을 **두 글자** 들여쓰기합니다.

글의 작성자의 이름은 주로 제목 아래에 쓰는데, 한국어와 중국어에서 모두 텍스트의 중앙이나 우측에 정렬할 수 있습니다.

이 밖에 세부적인 서식은 텍스트 유형에 따라 다를 수 있으므로 유형별 텍스트를 접할 때 문서의 서식을 주의 깊게 살펴보도록 합니다.

3) 문장부호 관습

다음으로 문장부호 관습의 차이를 이해해야 합니다. 문장부호(标点符号 [biāodiǎnfúhào])는 의미를 정확하고 논리적으로 전달하기 위한 보조수단으로 일종의 사회적 약속입니다. 문장부호는 단순한 형식이 아니라 그 속에 다양한 의미가 내포되어 있으므로 정확한 용법을 이해하고 원칙에 따라 적절하게 사용해야 합니다. 그럼 한국어와 중국어에서 문장부호 사용의 차이점을 알아봅시다.

---

① **마침표 句号 [jùhào]**
- 한국어에서는 온점(.)을, 중국어에서는 고리점(。)을 사용한다.
- 단, 중국어 한어병음에서는 온점(.)을 사용한다.
  (예) 我对翻译很感兴趣。 [Wǒ duì fānyì hěn gǎn xìngqù.]

---

② **쉼표 顿号 [dùnhào], 逗号 [dòuhào], 分号 [fēnhào]**
- 한국어에서는 나열과 휴지를 나타낼 때 주로 반점(,)을 사용한다.
- 중국어에서는 휴지의 길이에 따라 각각 顿号(모점 、), 逗号(반점 ，), 分号(세미콜론 ；)를 사용한다. 顿号(、)는 병렬된 단어의 휴지를, 逗号(，)는 문장 중간에서 휴지를, 分号(；)는 병렬된 절이나 복문 사이의 휴지를 나타낸다. 휴지 길이의 순서대로 나열하면 顿号(、) 〈 逗号(，) 〈 分号(；)이다.
  (예) 预防膀胱结石要注意一下几点：少吃盐，保持饮食清淡；少吃动物性蛋白，如牛肉、鸡蛋、动物内脏等；不喝浓茶，改喝清茶或水。

---

③ **콜론. 쌍점 冒号 [màohào]**
- 한국어에서 콜론(:)은 주로 작은 표제 뒤에 간단한 설명을 붙일 때 사용한다.
  (예) 작성 일시: 2011년 2월 15일
- 중국어에서 콜론(:)은 다음에 이어질 내용에 대해 총괄하는 말 뒤에 사용된다. 따라서 콜론(:) 뒤에는 앞의 내용에 대한 자세한 부연 설명이 이어진다.
- 중국어에서 콜론(:)은 서신이나 연설문 등에서 호칭어 뒤에 사용되기도 한다.
  (예) 尊敬的各位来宾：
       大家好！

---

④ **따옴표 引号 [yǐnhào]**
- 한국어에서는 남의 말을 직접 인용할 때, 글 가운데 직접 대화를 제시할 때 큰따옴표(" ")를 사용하고, 글 가운데서 강조할 때, 마음속으로 생각하는 말을 나타낼 때, 인용한 말

가운데 또 인용이 들어 있을 때는 작은따옴표(' ')를 사용한다.

- 중국어에서는 인용, 강조, 마음속으로 생각하는 말 등에 모두 큰따옴표(" ")를 사용하고, 인용한 말 가운데 또 인용이 들어 있을 때만 작은따옴표(' ')를 사용한다.

(예) 他说：" '职业病'是指劳动者在生产劳动及其他职业活动中，接触职业性有害因素引起的疾病。"

⑤ 서명 표시

- 한국어에서는 서명을 표시할 때 관례적으로 겹낫표(『 』)를 사용한다. 단행본으로 출판되어 하나의 독립된 작품으로 간주할 수 있는 서명에는 겹낫표(『 』)를 주로 사용하고, 소논문명, 편명, 노래 제목, 글 제목 등에는 홑낫표(「 」)를 사용한다. 때로는 겹꺽쇠표(《 》)와 홑꺽쇠표(〈 〉)가 낫표의 용법을 대체하기도 한다.

- 중국어에서는 서명, 신문명, 편명, 노래 제목, 글 제목 등에 모두 겹꺽쇠표(《 》, 书名号 [shūmínghào])를 사용한다. 홑꺽쇠표(〈 〉)는 겹꺽쇠표(《 》) 안에 또 제목을 표시해야 하는 경우에 쓰인다.

4) 외래어 및 고유명사 표기 관습

자국어에 존재하지 않는 외국의 어휘나 고유명사를 표기할 때, 한국과 중국의 관습이 조금 다릅니다.

우선, 표음문자인 한국어는 다양한 발음을 표기할 수 있기 때문에 외국어 발음을 소리 나는 대로 옮기고 괄호 안에 원어명을 표기합니다. 예를 들면, 다음과 같습니다.

(예) 베이징(北京)
    톈진(天津)
    후진타오(胡錦濤)
    원자바오(溫家寶)

주의해야 할 점은 원어명을 표기할 때 한국인들이 알아볼 수 있도록 번체자로 표기한다는 것입니다. 또한 공자, 맹자 등 한자의 한국어 독음으로 굳어진 고유명사는 원어 발음으로 표기하지 않습니다. 대체로 신해혁명(1911년)을 기준으로 하여 이전의 인물에 대해서는 한자의 한국어 독음, 이후 인물에 대해서는 현대 중국어 발음으로 표기합니다.

중국어 발음에 대한 한글 표기 규칙은 일반적으로 국립국어원에서 제정한 외래어표기법[2]을 따르는데, 한글 표기의 편의상 중국어의 실제 발음과는 다소 차이가 있으므로 익숙해지는 데는 조금 시간이 걸립니다. 따라서 처음 번역을 시작하는 초보 번역자는 익숙해질 때까지 외래어표기법을 곁에 두고 번역을 하도록 합니다.

한국어와 달리 중국어는 뜻을 나타내는 표의문자입니다. 문자 특성상 외국어의 발음을 그대로 재현하는 데 한계가 있기 때문에 외래어 표기시 발음을 그대로 차용하기보다는 음과 뜻을 고려하여 음역이나 의역의 방식으로 새롭게 재창조합니다. 한국인의 인명은 한자 이름이 있는 경우가 많으므로 이를 그대로 사용할 수 있습니다. 한글 이름의 경우에는 음과 뜻을 고려하여 서양인처럼 중국어 이름을 지을 수 있습니다.

중국어는 한국어에 비해 외래어와 외국어 사용의 수용도가 매우 낮은 편입니다. 이는 전문 분야에서도 마찬가지입니다. 한국에서는 전문 용어의 경우 업계 관행상 영어를 사용하기도 하지만 중국어에서는 외국어를 단독으로 표기하는 경우가 드물고, 가능한 한 중국어로 번역을 해서 사용합니다.

5) 도량형 관습

이 밖에 번역시 고려해야 할 관습으로는 도량형 관습이 있습니다. 우리나라에서는 건물이나 부지 면적을 나타낼 때 관습적으로 '평(坪)'을 많이 사용해 왔습니다. 2007년부터 시행된 도량형 표준화 정책에 의해 이제는 '평' 대신 국제 표준인 '제곱미터(m^2)'를 많이 사용하는 추세이지만 면적 관련 자료에서는 여전히 '평' 단위가 심심찮게 등장합니다. 그런데 중국에서는 '坪'이라는 단위를 사용하지 않기 때문에 '坪'을 그대로 치환하여 번역하면 중국 독자들은 이해할 수 없습니다. 이 경우는 제곱미터(m^2)로 환산하여 면적을 제시하거나 일일이 환산하기 어렵다면 '1평 = 약 3.3m^2'라는 부연설명을 추가해야 합니다.

---

2) 부록 참고.

5. 번역 관련 지식

번역을 하기 위해서는 번역, 번역 행위, 번역 과정 등에 대한 전반적인 이해가 필요합니다. 번역 이론은 실전 번역에서 언어적 표현에 대한 구체적인 해답을 제시하지는 않지만 번역 중 난관에 부딪혔을 때나 번역을 둘러싼 결정 과정에서 선택의 기로에 있을 때 문제 해결의 실마리를 제공할 수 있습니다. 즉, 번역사의 사고를 풍부하게 함으로써 적절하고 합리적인 결정을 내리고 창조적인 대안을 모색하는 기반을 마련해 줍니다.

앞서 의료관광 서류를 글의 목적과 대상 독자가 매우 뚜렷하고 고정된 형식이 있으며 간결하고 명료한 언어를 사용하는 텍스트로 정의했습니다. 독자층이 누구인지 확실히 가늠할 수 없는 일반 문서와는 달리, 의료 문서는 환자, 의료진, 기관 등 특정 독자를 대상으로 특정한 서식을 통해 메시지를 전달하여 독자들의 행동을 이끌어 내는 실용성이 강한 글입니다. 따라서 의료 문서의 번역문 역시 이처럼 문서를 통한 커뮤니케이션의 목적을 달성하는 것이 매우 중요합니다.

비단 의료 문서의 번역뿐만이 아니라, 모든 번역에는 번역 행위의 목적이 있습니다. 번역은 원문을 글자 그대로 모방하는 행위가 아니라 원문의 메시지를 번역의 목적과 번역문의 기능에 맞게 옮기는 행위입니다. 이를 '스코포스(skopos)[3] 이론'이라고 하는데, 번역 행위의 기본적인 원칙은 번역의 목적에 따른다는 것으로 독자와의 커뮤니케이션이 무엇보다 중요한 실용문의 번역에 주로 적용되는 이론입니다. 실용문의 번역을 다루는 본서는 번역의 기본 원칙을 이 스코포스 이론에 두고 번역에 대한 논의를 시작하고자 합니다.

---

3) 그리스어로 '목적', '목표'라는 의미.

제4장 번역 학습의 절차와 방법

　제II부에서는 다양한 의료관광 서류를 읽고 이해하며 실전 번역 연습을 해보도록 합니다. 번역 연습의 선행이 되는 것이 바로 독해입니다. 무작정 번역 연습만 한다고 해서 번역이 늘지는 않습니다. 관련 텍스트 독해와 사전 배경지식 공부 없이 무작정 번역을 하다 보면 출발어를 도착어로 그대로 모사하여 한국어도 중국어도 아닌 이상한 언어를 사용하게 되거나 안일한 자세에 빠지는 등 오히려 역효과를 불러일으킬 수 있습니다.

　본서에는 다양한 의료관광 서류의 예문이 한국어와 중국어 쌍으로 제시되어 있습니다. 즉, 번역 대상 텍스트의 병렬 텍스트가 모두 제시되어 있습니다. 본격적인 번역을 시작하기 전에 텍스트를 이해하고 용어와 표현을 익히며 배경지식을 확충하는 작업이 필요합니다. 이 책에서 권장하는 번역 학습의 절차와 방법은 다음과 같습니다.

텍스트 이해 - 실전 번역 연습 - 번역 감수 및 평가 - 표현 정리

[그림 4-1] 번역 학습의 절차

1. 텍스트 이해

본격적인 번역 시작에 앞서 원문 텍스트를 처음부터 끝까지 통독하고 대략적인 의미를 이해합니다. 모르는 어휘는 바로 사전을 찾지 말고, 문맥을 통해 유추해 봅니다. 다음으로, 한국어와 중국어 텍스트를 상호 비교해 보며 언어적 표현을 익히고, 텍스트 형식의 공통점과 차이점을 생각해 봅니다.

통독과 비교를 마친 뒤, 텍스트를 정독하며 의미를 철저히 이해합니다. 생소한 어휘와 개념을 사전, 전문서적, 인터넷 검색 등을 통해 이해하고 추후 활용 가능하도록 필요한 정보를 정리해 둡니다. 정독과 배경지식 조사를 마치면 큰소리로 텍스트를 낭독하며 다시 한 번 의미를 되새겨 봅니다.

2. 실전 번역 연습

텍스트 이해를 마친 후 본격적으로 번역 연습을 시작합니다. 연습은 항상 실전처럼 임하는데, 이를 위해서는 시작 시간과 종료 시간, 쉬는 시간, 총 소요 시간 등을 기록합니다. 전문 번역은 생계 활동의 일종이므로, 번역의 질과 더불어 번역에 소요된 시간도 중요합니다. 많이 생각하고 고민할수록 좋은 번역이 나오는 것은 명백한 사실입니다. 그러나 번역을 직업으로 삼기 위해서는 시간을 효율적이고 경제적으로 사용할 줄 알아야 합니다. 물론, 번역의 초기 단계에서는 여러 가지 고민하고 생각해 볼 사안들이 많으므로 충분한 시간을 확보하고 번역 연습을 합니다. 이후, 번역의 질이 어느 정도 보장되면 시간을 줄여 나가는 연습을 합니다.

전문 번역은 실용성이 매우 강한 번역으로, 특정 독자(또는 의뢰인)가 구체적인 목적을 달성하기 위해 수요가 발생하는 번역입니다. 따라서 번역사는 번역 과정에서 반드시 **텍스트의 목적과 용도, 대상 독자, 번역 의뢰인의 요구사항** 등을 고려하여 기본적인 상위 전략을 결정해야 합니다.

번역 과정에서 번역사는 다양한 선택의 기로에 서며 많은 문제와 난관에 부딪칩니다. 이때 조금만 시간을 내어서 '**번역일지**(translation diary)'를 작성해 두면 번역 학습에 장기적으로 도움이 됩니다.

번역일지는 번역 과정에서 떠오르는 궁금증, 생각, 소감, 문제 등을 형식에 구애받지 않고 일기처럼 자유롭게 기록하는 것입니다. 아래에서 번역 학습자의 번역일지 사례를 살펴보겠습니다.

〈사례 1: 한중 번역〉

- 번역 소요 시간: 4시간

- 명사형으로 끝나는 한국어를 어떻게 옮겨야 할지 고민이 되었다. 이와 비슷한 계획서 중문 양식을 참고로 봤다면 조금 쉬웠을 법한데, 간단명료한 정보를 번역하는 것이 더 어려울 때가 있는 것 같다.

- 한국어 문장은 한 문장에 여러 가지 정보가 담겨 있고, 문장이 길어서 문장 구조를 파악하기가 좀 어려웠다. 중국어로 짧고 쉽게 옮기려 했는데 원문의 뜻을 왜곡한 것은 아닌지 걱정이 된다.

- 특히 유사어와 단어 선택이 어려웠다. 예를 들자면, 주관과 주최에 대응되는 말에서 承办과 主办의 단어 선택이라든가, 개최에 상응하는 단어 召开, 举办, 举行 중에서 어떤 단어를 선택해야 하는가…… 그런 부분들에서 조금 고민을 했다.

- 그리고 한국어는 외래어가 참 많은 것 같다. 미니 트래블 마트나 브로슈어…… 뜻은 알아도 외래어가 현저히 적은 중국어로 어떻게 대응해야 할지 그것이 조금 어려웠다.

〈사례 2: 중한 번역〉

- 번역 소요 시간: 3시간

1. 한중, 중한 등 어느 국가의 이름을 앞세우느냐는 '과연 누가 볼 것인가'에 따라 고칠 수 있다고 들었습니다. 이것은 한국인이 볼 문서이기 때문에 '한중'으로 번역했습니다.

2. 春秋는 이미 '어른들의 나이'라는 뜻으로 알고 있었고, 사전에도 '나이, 일년, 세월'이라는 뜻으로 표기되어 있었습니다. 어떤 관계에 관한 표현에도 春秋를 쓰는 것은 이번에 처음 알게 되었습니다. 그리고 15년과 어울리는 말은 없었기 때문에 그냥 周年으로 생각하고 번역했습니다.

3. 人员은 '인원'이라고 해놓고도 뭐 다르게 바꿀 말이 없을까 한참을 고민했습니다.

4. 짧다고 결코 만만하게 볼 번역문이 아니었습니다. '시'도 짧은 문장에 더 많은 의미를 내포하듯이, 번역문도 짧으면 짧을수록 전하고자 하는 핵심 어휘들이 곳곳에 숨어 있어, 어쩌면 늘어놓은 2~3장의 번역문보다 더 어려울 수도 있다고 생각했습니다.

이처럼 번역일지를 작성하면 작성하는 과정에서 스스로 문제가 정리되어 대안이 떠오르기도 하고, 시간이 조금 흘러 해결이 되는 경우도 있습니다. 또한 번역일지를 통해 번역을 공부하는 동료들과 자신의 경험을 공유하고 어려움에 대해 이야기함으로써 해결책에 대한 조언을 받거나 심리적 스트레스를 해소할 수 있습니다.

학습을 할 때 궁금증을 품는 것은 무엇보다 중요합니다. 문제를 스스로 인식하기 시작했다면 그 문제는 거의 해결되었다고 해도 과언이 아닙니다. 문제가 당장에 해결되지는 않더라도 정리되고 명확한 궁금증을 가지고 있으면 잠시 휴식을 하거나 다른 일을 할 때 '반짝'하고 해결 방안이 떠오르기도 합니다. 또한 이렇게 쌓아 둔 궁금증은 나중에 관련 정보를 접할 때 일종의 '그물' 역할을 하여 나에게 필요한 정보를 걸러 주기 마련입니다. 즉, 궁금증이 많을수록 학습자는 촘촘한 그물을 가지게 되고, 다른 사람과 같은 텍스트를 보더라도 더 가치 있고 의미 있는 정보를 많이 건질 수 있습니다.

3. 번역 감수 및 평가

번역 감수는 번역 텍스트를 대상으로 검토하는 것을 가리킵니다. 번역 학습 차원에서 감수는 번역자의 번역 결과물을 번역자 자신이 검토하는 **자가 감수**와 다른 번역 학습자의 번역 결과물을 검토하는 **동료 감수**로 나누어 볼 수 있습니다.

우선 자가 감수는 번역의 질을 확보하기 위해 번역 후 반드시 거쳐야 할 과정입니다. 번역하고 일정 시간이 지난 뒤 자신의 번역 결과물을 다시 검토하면 번역 중에는 보이지 않았던 크고 작은 실수나 오류가 발견됩니다. 우선 번역문만 보면서 어색한 부분을 검토합니다. 텍스트를 소리 내어 읽어 보기도 하면서 문장을 매끄럽게 수정합니다. 다음으로, 원문과 번역문을 대조하여 누락된 부분이나 오역이 없는지 검토하고 이상이 없으면 최종 결과물을 제출합니다.

동료 감수는 번역 학습의 차원에서 같이 번역을 공부하는 학습자의 번역 결과물을 검토하는 것입니다. 친구의 번역물일지라도 실전처럼 꼼꼼히 오류를 바로잡고 객관적인 평가를 내리는 연습을 합니다. 본서에서 권장하는 동료 감수의 절차는 다음과 같습니다.

1) 번역문만 보고 전체 텍스트 읽기

① 본인이 원문의 언어를 전혀 모른다고 생각하고 번역문을 비판적으로 읽는다.

② 전체적인 텍스트 구성과 형식을 살핀다.

③ 텍스트 유형에 맞는 언어가 사용되었는지 검토한다.

④ 이해가 되지 않거나 애매모호한(중의적) 표현을 표시해 둔다.

⑤ 언어 표현의 일관성이 있는지 검토한다.

⑥ 도착어의 글쓰기 관습에 부합하는지(맞춤법, 문장부호 사용, 띄어쓰기, 오탈자 등) 검토한다.

2) 원문을 읽으며 내용 이해하기

① 원문을 읽으며, 원문의 텍스트 유형, 문체 등을 파악한다.

② 본인이 해당 원문을 번역할 경우 번역하기 어려울 것 같은 부분을 표시한다.

③ 원문의 핵심 문장, 키워드 등을 표시한다.

3) 원문과 번역문 대조하기

① 번역일지를 통해 번역사의 전략을 파악하고, 원문과 번역문을 대조하여 해당 전략 및 결과물의 합리성을 판단한다.

② 번역문만 검토할 때 체크해 두었던 부분을 원문과 대조하여 의미가 제대로 전달되었는지 살핀다.

③ 원문만 검토할 때 체크해 두었던 부분을 번역문과 대조, 비교하고 원문의 핵심 문장, 키워드가 누락이나 왜곡 없이 제대로 번역되었는지 살핀다.

④ 처음부터 원문과 번역문을 차근차근 대조하며 누락된 부분, 번역사의 지나친 주관이 개입된 부분, 오역, 왜곡 등이 없는지 살핀다.

4) 번역 감수와 평가

① 워드의 메모 기능(워드 메뉴 → 검토 → 새 메모)을 활용하면 원 번역문을 삭제하지 않고 효과적으로 감수를 할 수 있다.

② 수정이 필요한 부분에 메모를 달아 대안을 제시하고, 대안의 근거를 함께 제시한다.

③ 원문 없이 본인이 감수한 번역문을 읽으며, 감수 근거와 대안이 타당한지 검토한다.

④ 최종 감수 후 번역자에게 궁금한 점, 하고 싶은 말 등을 정리하고, 번역에서 잘된 부분과 개선이 필요한 부분을 건설적으로 제안한다.

입원환자가 지켜야 할 규칙에는 어떠한 것들이 있을까요?

질문 1: 입원할 때 어떠한 물건들을 챙겨야 하나요?

답변: 입원할 때 챙겨야 할 물건은 아래와 같습니다.

1. 의사선생님께서 참고하실 진료확인서와 검사 결과서를 지참하도록 하세요. 의사선생님이 다 보고 난 뒤 서류들 바로 찾아가도록 하여, 다른 서류들 사이에 섞여 분실하는 일이 발생하지 않도록 주의하세요.

2. 생활용품을 챙겨 오도록 하세요. 병동 내에서 일회용 세면대(2 元/개당), 요강(4 元/개당), 1회용 변기(15元/개당) 등을 판매하고 있습니다.

3. 선납금을 준비해 오세요. 입·퇴원 접수처에 선납금을 (−첨가) 납부하시면 됩니다. 퇴원 정산 시 영수증이 필요하니 금액을 지불 하신 뒤 영수증을 잘 보관하시기 바랍니다.

소요 시간: 1 시간 40 분

〈번역 일지〉

이 번역문은 병원에 배포할 안내문입니다. 이 글을 읽게 될 대상은 몸이 불편하여 병원을 찾은 환자뿐 아니라 그 가족의 가족 및 보호자들입니다. 특정 대상이 아니라 남녀노소 모두가 이 글을 읽게 되는 것을 감안하여 최대한 읽기 쉽게 풀어 쓰려고 노력했습니다. (그 과정에서 의미가 조금씩 달라지지 않았나 걱정이 되기는 합니다.)

〈감수자 총평〉
 (+) 번역문에서 특히 표현이 잘 된 부분에는 밑줄 표시를 해두었습니다. 전체적으로 무리 없이 자연스럽게 잘 읽히는 번역문입니다. 대상독자와 텍스트 장르를 고려하여 타당한 번역 전략을 세웠으며, 이에 따라 문체와 스타일을 통일하여 전체적으로 일관성이 있습니다.
 (−) 텍스트의 일관성을 고려하여 '일회용 세면대'와 '1 회용 변기' 등은 표기 방법을 통일하여 주는 것이 좋을 것 같습니다. 또한 제목은 본문의 내용을 아우를 수 있어야 하기 때문에 곧이곧대로 번역하기 보다는 본문의 내용을 고려하여 '입원환자 주의사항 / 안내사항' 등으로 다시 쓰기를 해볼 것을 제안합니다.

메모 [N1]: 의 주의사항
(규칙은 엄격히 따를 것을 요구하는 강제적인 뉘앙스가 있다고 생각합니다)

메모 [N2]: 물건

메모 [N3]: 앞뒤 어순을 도치하면 좀 더 자연스러울 것 같습니다.

메모 [N4]: 위안(元)

메모 [N5]: 생략

메모 [N6]: 일
(앞에 나온 표현과 통일)

[그림 4-2] 동료 감수의 예시

4. 표현 정리

동료 감수와 토론을 마친 뒤 유용한 표현을 한국어와 중국어 쌍으로 정리합니다. 이때 단어만 정리하기보다는 해당 단어와 자주 어울려 사용되는 말(搭配 [dāpèi])을 함께 정리하면 효과적입니다. 언어 환경, 맥락과 상황에 따라 다양한 번역과 표현이 가능하기 때문에 단어와 더불어 단어가 사용된 구, 절, 문장 등을 함께 정리하는 것이 번역에 도움이 됩니다.

	한국어	중국어
1	줄곧	一直
2	어제부터 계속 아파요	从昨天开始一直在疼。
3	옆. 곁. 편. 측면	侧
4	오른쪽. 우측	右侧
5	왼쪽. 좌측	左侧
6	심한 고통을 느끼다. 심한 통증을 느끼다	剧痛
7	오른쪽 배가 심하게 아파요.	右侧腹部剧痛。
8	(칼로) 절단하다. 자르다. 절개하다. 끊다. 베다	割
9	쌍꺼풀 수술을 하다	割双眼皮
10	칼로 베다. 칼로 도려내다	刀割
11	칼로 도려내는 듯이 아파요	像刀割一样疼
12	칼에 손가락을 베이다.	被刀割了手指头。
13	오한이 들다. 한기를 느끼다. 추위를 느끼다	发冷
14	그가 온몸에 한기를 느끼는 것이, 보아하니 감기이다.	他浑身发冷，看样子是感冒了。
15	느끼하다	油腻
16	느끼한 음식	油腻的东西
17	병이 나다. 발병하다. 병에 걸리다	发病
18	재차. 거듭. 두 번째. 다시 한 번	再次
19	재발하다	再次发作
20	심장병 재발을 예방하다	预防心脏病再次发作

[그림 4-3] 표현 정리의 예시

그럼 이제부터 다양한 의료관광 서류를 함께 읽고 번역해 봅시다.

II. 의료관광 서류의 번역: 실전편(1)

원내 문서

원내 문서는 병원 내에서 사용되는 환자와 관련된 모든 기록물입니다. 가장 대표적으로 환자의 진료기록을 들 수 있습니다. 진료기록은 흔히 차트(chart)라고 하는 환자에 대한 모든 기록물을 말하며 환자가 병원의 의료진 및 치료와 관련된 전문가를 접촉할 때 작성됩니다. 의료기관과 진료과별로 진료기록의 구성에 차이가 있으며 매우 복잡하고 방대한 시스템을 이루고 있습니다. 일반적으로 입퇴원기록지, 입원동의서, 수술동의서, 수술기록지, 마취기록지, 주치의기록지, 인턴기록지, 간호기록지, 검사기록지, 치료지시서 등이 포함됩니다.

제II부에서는 환자의 병원 접수에서 진찰, 입원, 수술, 수납, 처방, 사후 관리 등에 이르기까지 진료의 전 과정에서 사용하는 문서에 대한 실전 번역 연습을 합니다. 진료신청서, 문진표, 입퇴원기록지, 수술기록지, 간호기록지, 각종 동의서(입원, 수술, 검사, 마취, 수혈), 진료비 계산서, 진료확인서, 처방전, 주의사항 등의 문서가 포함됩니다.

제5장 진료신청서

　병원에 처음으로 방문하는 환자는 접수처에서 진료신청서를 작성합니다. 진료신청서에는 환자의 이름, 주민등록번호, 주소, 연락처 등 기본 신상정보와 희망 진료과, 간단한 증상 등을 기록합니다.

1. 번역 연습

중 → 한 中翻韩

1)

就诊患者登记表		
姓名:	性别:	年龄:
就诊科室:	□医保	□自费
提示: ① 医保病人请持卡挂号。 ② 医保病人刷卡结算退费请在7日内办理，超期无法退费。		

단어

□ 진료(를 받다) / 진찰(을 받다)	□ 就诊 [jiùzhěn]
□ 등록하다 / 기입하다	□ 登记 [dēngjì]
□ 기입 서류 / 수속 서류	□ 登记表 [dēngjìbiǎo]
□ 과 / 부서	□ 科室 [kēshì]
□ 진료과	□ 就诊科室 [jiùzhěn kēshì]
□ 의료보험 ➤ 의료보험	□ 医保 [yībǎo] ➤ 医疗保险 [yīliáo bǎoxiǎn]
□ 자비 / 사비	□ 自费 [zìfèi]
□ 도움말 / 주의사항	□ 提示 [tíshì]
□ 접수하다	□ 挂号 [guàhào]
□ 카드로 결제하다	□ 刷卡 [shuākǎ]
□ 환불하다 ➤ 환불하다	□ 書 退费 [tuìfèi] ➤ 回 退钱 [tuìqián]
□ 기한을 초과하다	□ 書 超期 [chāoqī]

2)

初诊病人诊疗卡录入表		
姓名:	性别:	年龄:　　　　　岁
出生_____年_____月_____日		
联系电话:		
地址:		
挂_____科(上午/下午)_____(专家号/普通号) (打✓)		
医保卡号:		
身份证号:		
(公费、医保、持○○市老年人、残疾军人证者必填)		
14岁以下患儿家长姓名:		
说明: ① 请您填写此表后与证件一起提交办理诊疗卡和挂号。 ② 挂号后请您将此表内容如实填写在病历本上, 并认真核对您的信息资料。 ③ 初诊病人请认真阅读门诊病历本上的就医指南。 ④ 请您复诊时携带门诊病历和诊疗卡。 ⑤ 可以凭诊疗卡在"诊疗卡挂号专用窗口"快速挂号。		

단어

☐ 초진(하다)	☐ 初诊 [chūzhěn]
☐ 진료카드	☐ 诊疗卡 [zhěnliáokǎ]
☐ 입력(하다)	☐ 录入 [lùrù]
☐ 특진 접수를 하다 (교수급)	☐ 挂专家号 [guà zhuānjiāhào]
☐ 일반 접수를 하다 (일반의사)	☐ 挂普通号 [guà pǔtōnghào]
☐ 표시하다 ➢ '✓'표를 하다 / 체크(check) 표시를 하다 (허가, 긍정의 의미)	☐ 打 [dǎ] ➢ 打钩 [dǎgōu]
☐ 공비 / 국비 ➢ 무상 의료 제도(국가나 회사에서 의료 비용을 부담)	☐ 公费 [gōngfèi] ➢ 公费医疗 [gōngfèiyīliáo]
☐ 필수 기입(하다)	☐ ㊀ 必填 [bìtián]
☐ 기입하다	☐ 填写 [tiánxiě]
☐ 신분증 / 증명서	☐ 证件 [zhèngjiàn]
☐ 사실대로	☐ 如实 [rúshí]
☐ 진료기록	☐ 病历 [bìnglì]
☐ 진료기록수첩 (환자보관용으로 초진시 구매해야 함)	☐ 病历本 [bìnglìběn]
☐ 대조 확인하다 / 검토하다	☐ 核对 [héduì]
☐ 진료(를 받다) / 진찰(을 받다)	☐ 就医 [jiùyī]
☐ 안내 / 지침	☐ 指南 [zhǐnán]
☐ 재진(하다)	☐ 复诊 [fùzhěn]
☐ 소지하다 / 지니다	☐ 携带 [xiédài]
☐ 외래 진료 / 외래	☐ 门诊 [ménzhěn]
☐ 전용창구	☐ 专用窗口 [zhuānyòngchuāngkǒu]

1)

진료신청서						
○○병원을 알게 된 경위	□인터넷 □지인소개 □방송 및 신문 □버스 및 옥외광고 □기타					
이 　 름				성 　 별		
주민번호				연 　 락 　 처		
주 　 소						
진 료 과 (해당과에 ○표시하세요)	내 　 과	소아과	정형외과	신경외과	일반외과	기 　 타
	(증상)					

단어

□ 옥외광고	□ 户外广告 [hùwàiguǎnggào]
□ 주민등록번호 / 신분증번호	□ 身份证号 [shēnfènzhènghào]
□ 연락처	□ 联系电话 [liánxì diànhuà]

2)

선택진료신청서			
이　　름		주민등록번호	
전화번호	(자택)	(휴대폰)	

■ 선택 진료 내용
1. 진찰, 처치, 수술, 의학 관리(한방 포함)
2. 검사(한방포함)
3. 영상진단
4. 방사선치료
5. 마취
6. 정신요법
7. 침·구 및 부항

진료과목	선택진료의사명	신청인 서명
		(인)

　　의료법 제37조의2 제1항 및 선택진료에 관한 규칙 제2조의 규정에 의하여 위와 같이 선택진료를 신청합니다.

　　　　　　　　　　　　　　　　20　　년　　월　　일

　　　　　　　　　　　　　　　　　　　　　　　　　신청인:　　　　　(인)
　　　　　　　　　　　　　　　　　　　　　　　환자와의 관계:　　　　　(인)

단어

☐ 처치	☐ 治疗 [zhìliáo] / 处理 [chǔlǐ]
☐ 한방	☐ 韩医 [hányī]
☐ 영상진단	☐ 影像诊断 [yǐngxiàngzhěnduàn]
☐ 방사선 치료	☐ 放射治疗 [fàngshèzhìliáo] = 放疗
☐ 정신요법	☐ 精神疗法 [jīngshénliáofǎ]
☐ 침구	☐ 针灸 [zhēnjiǔ]
☐ 부항	☐ 拔罐 [báguàn]

2. 텍스트 이해 및 배경지식

1) 挂号

중국어로 '접수하다'라는 표현은 '挂号'입니다. 挂号는 동사와 명사로 구성된 이합동사이기 때문에 동사와 명사 사이에 다른 성분이 들어갈 수 있습니다. 예를 들어, '挂专家号', '挂普通号'와 같이 표현할 수 있습니다. '专家号'와 '普通号'는 각각 우리나라의 선택 진료(특진)와 일반 진료에 해당하는 개념으로, 전자는 경험이 많은 교수급의 의사에게, 후자는 일반의사에게 진료를 보는 것입니다. 당연히 '专家号'가 더 비싸고 오래 기다려야 합니다.

앞서 말했듯 '挂号'는 이합동사이기 때문에 직접 목적어를 취할 수 없습니다. 따라서 '(진료과)에 접수하다'라는 표현을 할 때는 동사 '挂' 뒤에 진료과 이름을 바로 말하면 됩니다.

예를 들어, '내과에 접수하다'라는 표현은 '挂内科'입니다. '挂' 대신 동사 '看'을 사용할 수도 있습니다. 각 진료과의 명칭을 익혀 봅시다.

□ 내과	□ 内科 [nèikē]
➢ 감염내과	➢ 感染内科 [gǎnrǎnnèikē]
➢ 내분비대사내과	➢ 内分泌代谢内科 [nèifēnmìdàixiènèikē]
➢ 류마티스내과	➢ 风湿内科 [fēngshīnèikē]
➢ 소화기내과	➢ 消化内科 [xiāohuànèikē]
➢ 순환기내과	➢ 循环内科 [xúnhuánnèikē]
➢ 신장내과	➢ 肾脏内科 [shènzàngnèikē]
➢ 심장내과	➢ 心脏内科 [xīnzàngnèikē]
➢ 알레르기내과	➢ 过敏科 [guòmǐnkē]
➢ 혈액종양내과	➢ 血液肿瘤内科 [xuèyèzhǒngliúnèikē]
➢ 호흡기내과	➢ 呼吸内科 [hūxīnèikē]
□ 외과 / 일반외과	□ 外科 [wàikē] / 普通外科 [pǔtōngwàikē]
➢ 성형외과	➢ 整形外科 [zhěngxíngwàikē]
	整容外科 [zhěngróngwàikē]
➢ 신경외과	➢ 神经外科 [shénjīngwàikē]
➢ 심장외과	➢ 心脏外科 [xīnzàngwàikē]
➢ 유방내분비외과	➢ 乳房内分泌外科 [rǔfángnèifēnmìwàikē]
➢ 이식외과	➢ 移植外科 [yízhíwàikē]
➢ 정형외과	➢ 骨科 [gǔkē]
➢ 혈관외과	➢ 血管外科 [xuèguǎnwàikē]
➢ 흉부외과	➢ 胸心血管外科 [xiōngxīnxuèuǎnwàikē]
	胸部外科 [xiōngbùwàikē]
□ 가정의학과	□ 家庭医学科 [jiātíngyīxuékē]
□ 결핵과	□ 结核科 [jiéhékē]
□ 마취과	□ 麻醉科 [mázuìkē]
□ 마취통증의학과	□ 麻醉疼痛医学科 [mázuìténgtòngyīxuékē]
□ 방사선종양학과	□ 放射肿瘤科 [fàngshèzhǒngliúkē]
□ 비뇨기과	□ 泌尿科 [mìniàokē]
□ 산부인과	□ 妇产科 [fùchǎnkē]
□ 부인과	□ 妇科 [fùkē]
□ 소아과	□ 儿科 [érkē] / 小儿科 [xiǎoérkē]
□ 신경과	□ 神经科 [shénjīngkē]

□ 안과	□ 眼科 [yǎnkē]
□ 응급의학과	□ 急救医学科 [jíjiùyīxuékē] 急诊科 [jízhěnkē]
□ 이비인후과	□ 耳鼻喉科 [ěrbíhóukē]
□ 임상병리과	□ 临床病理科 [línchuángbìnglǐkē]
□ 재활의학과	□ 康复医学科 [kāngfùyīxuékē]
□ 정신과	□ 精神科 [jīngshénkē]
□ 진단검사의학과	□ 检验医学科 [jiǎnyànyīxuékē]
□ 영상의학과	□ 影像医学科 [yǐngxiàngyīxuékē] 放射科 [fàngshèkē]
□ 치과	□ 牙科 [yákē] / 口腔科 [kǒuqiāngkē]
□ 피부과	□ 皮肤科 [pífūkē]
□ 항문과	□ 肛门科 [gāngménkē]
□ 핵의학과	□ 核医学科 [héyīxuékē]

2) '专家门诊'과 '普通门诊'의 차이

专家门诊和普通门诊有什么区别？		
	专家门诊	普通门诊
出诊医师职称	教授/主任医师或副教授/副主任医师	医师、主治医师
诊疗内容	普通和疑难疾病	普通疾病
候诊时间	较长	较短
挂号价格	较高	较低

3) 주민등록번호

　　주민등록번호는 한국에 거주하는 모든 국민에게 부여되는 고유 번호로, 외국인들에게는 해당 사항이 없는 항목입니다. 따라서 그 의미를 곧이곧대로 직역하기보다는 외국인 환자가 실제로 병원 접수를 할 때 이에 상응하는 개념이 무엇인가를 생각해 보아야 합니다. 즉, 문서를 이용하는 사람(대상 독자)을 고려하여 원활한 커뮤니케이션이 이루어지도록 번역을 하는 것입니다.

　　대상 독자가 의료관광을 목적으로 방문한 외국인이라면 여권번호(护照号码)를 써야 할 것이고, 귀화한 결혼 이주민이라면 우리와 마찬가지로 주민등록번호를 쓸 것입니다. 대상 독자가 확실하지 않다면, 두 가지 개념을 모두 아우를 수 있는 상위 개념으로 말바꾸기(paraphrasing)를 할 수 있습니다. 따라서 이 경우에는 '신분증 번호(身份证号)' 등과 같은 표현을 사용하면 다양한 상황을 포괄할 수 있을 것입니다.

4) 선택진료

　　선택진료(과거 특진제도)란 병원급 이상의 의료기관에서 환자가 특정 의사를 선택해 진료받는 제도입니다. 선택진료에 들어가는 추가 비용은 건강보험에서 지원하지 않고 환자가 부담해야 합니다. 따라서 병원은 진료신청서를 받기 전에 환자나 보호자에게 선택진료에 대한 정보를 충분히 제공해야 합니다. 선택진료와 일반진료의 의사 명단, 선택진료 의사의 경력, 진료 시간표, 선택진료에 따른 추가 비용 등을 환자에게 고지해야 합니다.

선택진료를 할 수 있는 의사는 면허취득 후 15년이 경과한 치과의사·한의사, 전문의 자격인정을 받은 후 10년이 경과한 의사 등의 80% 범위 안에서 해당 의료기관의 장이 지정합니다.

제6장 문진표

　'문진(問診)'이란 의사가 환자에게 환자 자신과 가족의 병력 및 발병 시기, 경과 등을 묻는 것입니다. 문진표는 환자의 과거 병력, 몸 상태, 생활 습관 등을 환자의 입장에서 작성하여 의사에게 제공하는 양식으로, 의사가 환자의 몸 상태를 진찰하여 정확한 진단을 내리고 분석하는 데 도움을 줍니다.

1. 번역 연습

중 → 한 中翻韩

1)

内科问诊表			
◆ 请在方框里打钩。			
姓名:	性别: □男 □女		年龄:
住址:			
电话:			
◆ 您有什么症状？			
□发烧	□嗓子痛	□头痛	□胸痛
□腹痛	□胃痛	□心悸，心慌	□气短
□咳嗽	□口干	□头晕	□浮肿
□麻木	□皮疹	□胸闷	□腹胀
□恶心	□呕吐	□腹泻	□血便
□食欲不振	□高血压	□易疲倦	□体重减轻
□浑身无力	□其他( )		
◆ 从什么时候开始的？ 始于_____年_____月_____日			
◆ 是否有药物或食物过敏史？ □无 □有 （□药物 □食物)			
◆ 是否正在服药？ □否 □是 （ 药)			
◆ 是否接受过手术治疗？ □否 □是			

단어

□ 문진(하다)	□ 问诊 [wènzhěn]
□ 네모 칸	□ 方框 [fāngkuàng]
□ 알레르기(반응을 보이다)	□ 过敏 [guòmǐn]
➤ 꽃가루 알레르기가 있다.	➤ 我对花粉过敏。
□ 알레르기 이력	□ 过敏史 [guòmǐnshǐ]
□ 음식 알레르기	□ 食物过敏 [shíwùguòmǐn]
□ 약물 알레르기	□ 药物过敏 [yàowùguòmǐn]
□ 약을 복용하다	□ ㊀ 服药 [fúyào]
□ 수술을 받다	□ 接受手术 [jiēshòu shǒushù]

2)

手术前问诊记录		
姓名:	性别:	年龄:
职业:	学历:	联系电话:
家庭住址:		
婚姻: □已婚　　□未婚		
身高:　　　　　　cm	体重:　　　　　　kg	血压:　　　　　　mmHg
从何处得知我院情况:　□网上　　　□电视　　　□报纸　　　□杂志 　　　　　　　　　　　□电话簿　□朋友介绍　□其他(　　　　　　　　)		
来院所需时间:		
初诊日期:_____年_____月_____日		
就诊目的:　□眼　　　□鼻　　　□唇　　　□耳　　　□颌 　　　　　　□面轮廓　□性器　□疤痕　□抽脂　□注脂 　　　　　　□乳房　　□皱纹　□其他(　　　　　　)		
拟施手术:		
预约时间:		
整容术史:　□以前做过(部位:　　　医院:　　　时间:　　　) 　　　　　　□以前未做过		
既往史:　□心脏病　□肝病　　□肾病　　□肺病　　□甲状腺病 　　　　　□高血压　□结核　□出血性疾病　□其他(　　　　　)		
正在服用药:　□降压药　　□避孕药　□阿司匹林　□安定药 　　　　　　　□皮质激素　□其他(　　　　　)		
外伤、手术、麻醉史:　　□有　　　□无		
药物过敏:　□有(药物名称:　　　　) 　　　　　　□无		
妊娠史:　□有　　　□无		
处在月经期:　□是　　　□否(末次月经:　　　　　)		
生育史: 孕(　　　)产(　　　)		
健康状态:　　　　食物:　□良　　□不良 　　　　　　　　睡眠:　□良　　□不良 　　　　　　烟酒嗜好:　□有　　□无 　　　　　　　　其他:		

단어

□ 기혼	□ ㊗ 已婚 [yǐhūn]
□ 미혼	□ ㊗ 未婚 [wèihūn]
□ 신장 / 키	□ 身高 [shēngāo]
□ 전화번호부	□ 电话簿 [diànhuàbù]
□ 지방흡입	□ 抽脂 [chōuzhī]
□ 지방주입	□ 注脂 [zhùzhī]
□ ~할 생각이다 / 작정이다	□ ㊗ 拟 [nǐ]
□ 병력	□ 病史 [bìngshǐ]
□ 과거병력	□ 既往史 [jìwǎngshǐ]
□ 혈압강하제	□ 降压药 [jiàngyāyào]
□ 피임약	□ 避孕药 [bìyùnyào]
□ 아스피린	□ 阿司匹林 [āsīpǐlín]
□ 신경안정제	□ 安定药 [āndìngyào]
□ 피질호르몬 / 코르틴	□ 皮质激素 [pízhìjīsù]
□ 임신하다	□ 妊娠 [rènshēn]
□ 출산하다	□ 生育 [shēngyù]
□ 기호	□ 嗜好 [shìhào]

1)

외과 문진표
일자:
성명:　　　　　　　　성별:　　　　　　　　나이:
◎ 원하는 검사:　□MRI　　　　□CT　　　　□방사선촬영　　□근전도 　　　　　　　　□골다공증　　□신경전도　　□통풍　　　　□유방암 　　　　　　　　□초음파　　　□항문검사　　□기타(　　　　　　　)
1. 현재 불편한 부위와 증상에 ✓표시해 주세요.
부위:　□머리　　□얼굴　　□목　　　□어깨　　□등　　　□상박 　　　□전박　　□팔꿈치　□손목　□손등　　□손가락　□가슴 　　　□허리　　□엉덩이　□고관절□대퇴부　□무릎　　□유방 　　　□종아리　□발목　　□발등　□발바닥　□발가락
증상:　□당긴다　□저린다　　□쑤신다　□떨린다　　□어지럽다 　　　□두통　　□감각이 둔하다　　□마비가 된다 □발진 　　　□두드러기□오심　　　□가렵다　□항문에 피가 난다 　　　□탈장　　□염증　　　□염좌　　□찰과상　　□멍울 　　　□열상　　□부었다　　□무좀　　□배가 아프다 □화상
방향:　□왼쪽　　□오른쪽　　□양쪽
2. 언제부터 아프셨나요?
□1주일　　□2주일　　□3주일　　□1개월　　□3개월　　□기타(　　)
3. 다른 질환으로 수술 받으신 적이 있나요?
□예(　　년도, 수술명:　　　　) 　　□아니오
4. 현재 치료중인 질병이 있나요?
□고혈압　　□당뇨　　□간질환　　□폐결핵　　□치질 □디스크　　□뇌졸중　□관절질환　□기타(　　　　)
5. 증상의 발현 요인은 무엇입니까?
□무거운 물건을 들다가　□낙상, 넘어짐　□상해　□운동 □교통사고　□일하다　　□특이한 일 없이 증상발현 □기타(　　　　　　)
6. 흡연을 하십니까?
□예(　/하루)　　□아니오
7. 음주를 하십니까?
□예: 주(　　)회　　양(　　) 　　□아니오

단어

□ 근전도(EMG)	□ 肌电图 [jīdiàntú]
□ 신경전도(ENG)	□ 神经电图 [shénjīngdiàntú]
□ 골다공증	□ 骨质疏松症 [gǔzhìshūsōngzhèng]
□ 통풍	□ 痛风 [tòngfēng]
□ 초음파	□ 超声波 [chāoshēngbō]
□ 당뇨병	□ 糖尿病 [tángniàobìng]
□ 간질환	□ 肝病 [gānbìng]
□ 폐결핵	□ 肺结核 [fèijiéhé]
□ 치질	□ 痔疮 [zhìchuāng]
□ 디스크	□ 椎间盘 [zhuījiānpán]
□ 뇌졸중	□ 脑中风 [nǎozhòngfēng]
□ 관절질환	□ 关节病 [guānjiébìng]
□ 낙상 / 넘어짐	□ 摔伤 [shuāishāng]
□ 원인을 알 수 없는	□ 不明原因 [bùmíng yuányīn]

2)

내과 문진표			
일자:			
성명:	성별:		나이:
호흡기	□기침 　□가래(하얀색□, 누런색□, 피섞임□) 　　　□숨차다 □객혈 　□목아프다 　□두통 　□근육통 　□오한 및 발열 □편두통 　□콧물(누런색□, 맑은색□) 　□코막힘 □재채기 　□식은땀		
순환기	□두통 　□어지럽다 　□가슴이 뛴다 　□부정맥 □가슴이 아프다(새벽□, 움직이면□, 가만히 있을 때□) □손발이 저리다 　　　□불안하다 　□가슴이 답답하다		
소화기	□트림 　□소화불량 　□헛배부르다 　□오심 　□구토 □가스찬다 　□공복시 속쓰림 □설사 　□혈변 　□토혈 □검은변 　□변비 　□속더부룩 　□식도부위가 아픔		
간 장	□피곤 　□배가 부었다 　□복수 　□상복부 불쾌감 □황달 　□식욕부진 　□기운이 없다		
신 장	□빈뇨 　□거품 　□혈뇨 　□부종 　□요실금 □배뇨시 작열감 　　□옆구리 아픔		
관절통	□다리가 저림 □무릎 　□허리		
피 부	□두드러기 　□발진 　□소양증 　□알레르기		
내분비	□다뇨 　□다식 　□다갈 　□체중감소		
◆ 치료 중인 질환			
□당뇨 　□고혈압 　□갑상선질환 　□간장질환 　□결핵 □심장병 　□위장질환 　□관절질환 　□신장질환			
◆ 과거 치료했던 병의원			

단어

☐ 움직이다	☐ 活动 [huódòng]
☐ 가만히 있다	☐ 静止不动 [jìngzhǐ búdòng]
☐ 갑상선질환	☐ 甲状腺病 [jiǎzhuàngxiànbìng]
☐ 신장질환	☐ 肾病 [shènbìng]

2. 텍스트 이해 및 배경지식

1) 증상

주요 증상을 계통별로 정리해 봅시다.

호흡기 呼吸系统	
□ 가래	□ 咳痰 [kétán]
□ 기침	□ 咳嗽 [késou]
□ 객혈 / 각혈	□ 咳血 [kéxiě] / 咯血 [kǎxiě]
□ 숨이 참 / 숨이 가쁨	□ 气短 [qìduǎn]
□ 발열	□ ⑧ 发热 [fārè] / ⑪ 发烧 [fāshāo]
□ 호흡곤란	□ 呼吸困难 [hūxīkùnnan]
순환기 循环系统	
□ 가슴이 답답함	□ 胸闷 [xiōngmèn]
□ 가슴이 두근거림	□ ⑧ 心悸 [xīnjì] / ⑪ 心慌 [xīnhuāng]
□ 가슴통증	□ 胸痛 [xiōngtòng]
□ 손발 저림	□ 手脚发麻 [shǒujiǎo fāmá]
소화기 消化系统	
□ 구토	□ 呕吐 [ǒutù]
□ 복통	□ 腹痛 [fùtòng]
□ 설사	□ ⑧ 腹泻 [fùxiè] / ⑪ 拉肚子 [lādùzi]
□ 오심	□ 恶心 [ěxin]
□ 트림	□ ⑧ 嗳气 [ǎiqì] / ⑪ 打嗝儿 [dǎgér]
□ 헛배부름 / 복부팽만	□ 腹胀 [fùzhàng]
비뇨기 泌尿系统	
□ 급뇨 / 요절박	□ 尿急 [niàojí]
□ 배뇨곤란	□ 排尿困难 [páiniào kùnnan]
□ 배뇨통	□ 尿痛 [niàotòng]

□ 빈뇨	□ 尿频 [niàopín]
□ 요실금	□ 尿失禁 [niàoshījìn]
□ 혈뇨	□ 血尿 [xuèniào]
내분비 内分泌系统	
□ 다한 / 땀이 많이 남	□ 多汗 [duōhàn]
□ 더위를 못 견딤	□ 怕热 [pàrè]
□ 비만	□ 肥胖 [féipàng]
□ 체중 감소	□ 体重减轻 [tǐzhòng jiǎnqīng]
신경계 神经系统	
□ 두통	□ 头痛 [tóutòng]
□ 불면증	□ 失眠 [shīmián]
□ 어지러움 / 현기증	□ 眩晕 [xuànyùn]
□ 혼미	□ 昏迷 [hūnmí]

2) 중국어의 문어체 표현

중국어는 구어체와 문어체의 차이가 큰 언어입니다. 따라서 글을 쓰려면 문어체의 형식에 익숙해져야 합니다. 중국어 텍스트를 읽을 때 문어체 표현을 표시해 두고 글을 쓰거나 번역을 할 때 활용해 봅시다.

(1) 始于2000年3月2日

'于'는 '在(~에)'의 의미로 시간을 나타내며 '동사＋于＋시간' 또는 '于＋시간＋동사'의 구조로 사용됩니다.

① 他生于1990年。
② 会议定于6月15日召开。
③ 新中国于1949年成立。

(2) 是否接受过手术治疗？

'是否'는 '是不是(~인지 아닌지)'의 의미로 의심, 불확실성 등을 나타냅니다.
'是否'는 '是不是'과 달리 뒤에 명사성 성분이 올 수 없습니다. (예: 是不是你? [○] / 是否你? [×])

① 这种说法是否有科学根据呢？
② 我不知道大家是否明白我的意思。
③ 如果治疗两个月未见好转，可能跟服用的药物是否对症、或服药的方法是否正确有关。

(3) 拟施手术

'拟'는 '计划 , 打算(~할 생각이다, ~하려고 한다)'의 의미입니다.

① 该工程拟在本周末开工。
② 代表团拟于下周访问中国。
③ 我院拟将预约挂号服务交予中国医院管理协会全国预约门诊服务中心承办。

제7장 입원기록지

입원기록지는 환자가 처음 병원에 입원했을 때 담당의사가 환자의 상태, 잠정적 진단, 향후 진단 및 치료 계획 등에 대해 기록하는 서식입니다. 환자의 병력을 자세히 기록하여 치료 방향을 계획하는 데 도움을 주는 기록입니다.

1. 번역 연습

중→한 中翻韩

_____科住院病历				
姓　　名:	性　　别:		年　　龄:	
职　　业:	婚　　否:		入院日期:	
地址:				
主诉:				

现病史	起病情况:			
	病　　因:			
	主要症状	部位:	性质:	程度:
		持续时间:	加重和缓解因素:	
	病情发展和演变:			
	伴随症状:			
	并发症:			
	饮食睡眠:			
	大小便:			
既往史	平素健康情况: 良好　　　　一般　　　较差			
	药物及其他过敏史: 无　　　有			
	外伤史:			
	手术史:			
系统回顾	头颅五官:　　　　□视力障碍　　□耳聋　　　□耳鸣　　　□眩晕　　　□鼻出血　　　□牙痛　　　□牙龈出血　□咽喉痛　　　□声音嘶哑			
	呼吸系统:　　　　□慢性咳嗽　□咯痰　　　□咯血　　　□哮喘　　　□呼吸困难　□胸痛			
	循环系统:　　　　□心悸　　　□运动后气促　□咯血　　　□下肢水肿　□血压升高　□晕厥			
	消化系统:　　　　☑食欲减退　□吞咽困难　□恶心　　　□呕吐　　　□腹胀　　　□腹痛　　　□便秘　　　□腹泻　　　□呕血　　　□便血　　　□黄疸			
	泌尿系统:　　　　□腰痛　　　□尿频　　　□排尿困难　□血尿　　　□尿量异常　□夜尿增多　□颜面水肿　　　　　　□尿道或阴道异常分泌物			
	血液系统:　　　　□面色苍白　□乏力　　　□头晕眼花　□皮肤粘膜出血　□淋巴结肿大			

	内分泌系统及代谢:			
	□ 食欲亢进	□ 食欲减退	□ 多汗	□ 畏寒
	□ 多饮	□ 多尿	□ 双手震颤	□ 性格改变
	□ 显著肥胖	□ 明显消瘦	□ 毛发脱落	□ 色素沉着
	□ 性功能改变	□ 闭经		

	运动系统:		
	□ 关节痛	□ 关节变形	□ 肌肉痛
	□ 肌肉萎缩	□ 运动障碍	

	神经系统:			
	□ 头痛	□ 眩晕	□ 晕厥	□ 记忆力减退
	□ 语言障碍	□ 意识障碍	□ 颤动	□ 抽搐
	□ 瘫痪	□ 感觉异常		

	精神系统:			
	□ 错觉	□ 幻觉	□ 思维障碍	□ 注意障碍
	□ 定向障碍	□ 情绪异常	□ 睡眠障碍	

个人史	出生地:
	职业和工作条件:
	习惯和嗜好:

婚姻史	婚姻情况:
	配偶情况:

月经史	初潮_____岁　　每次持续_____天　　末次月经日期_____
	绝经年龄_____岁　　经量: 少　　一般　　多
	痛经: 无　　有　　　　经期: 规则　　不规则

生育史	妊娠_____次
	顺产_____胎　　　　流产_____胎
	早产_____胎　　　　死产_____胎

家族史	父: 健在　　　　患病　　　　　已故(死因:　　)
	母: 健在　　　　患病　　　　　已故(死因:　　)
	兄弟姐妹:
	子女及其他:

단어

□ 주호소	□ 主诉 [zhǔsù]
□ 현병력	□ 现病史 [xiànbìngshǐ]
□ 과거병력	□ 既往史 [jìwǎngshǐ]
□ 계통별 조사	□ 系统回顾 [xìtǒnghuígù]
□ 개인력	□ 个人史 [gèrénshǐ]
□ 가족력	□ 家族史 [jiāzúshǐ]
□ 발병하다	□ 起病 [qǐbìng]
□ 발병원인	□ 病因 [bìngyīn]
□ 심해지다 / 가중시키다	□ 加重 [jiāzhòng]
□ 완화하다 / 누그러뜨리다	□ 缓解 [huǎnjiě]
□ 수반하다	□ 伴随 [bànsuí]
□ 합병증	□ 并发症 [bìngfāzhèng]
□ 머리	□ 头颅 [tóulú]
□ 오관 / 이목구비 ➤ 이비인후과	□ 五官 [wǔguān] ➤ 五官科 [wǔguānkē]
□ 목이 쉬다 / 목소리가 잠기다	□ 嘶哑 [sīyǎ]
□ 림프선	□ 淋巴结 [línbājié]
□ 배우자	□ 配偶 [pèiǒu]
□ 초경	□ 初潮 [chūcháo]
□ 생리통	□ 痛经 [tòngjīng]
□ 생리기간	□ 经期 [jīngqī]
□ 순산하다	□ 顺产 [shùnchǎn]
□ 유산하다	□ 流产 [liúchǎn]
□ 조산하다	□ 早产 [zǎochǎn]
□ 사산하다	□ 死产 [sǐchǎn]
□ 임신 또는 출산의 횟수	□ 胎 [tāi]
□ 건재하다	□ 健在 [jiànzài]
□ 병이 들다	□ 患病 [huànbìng]
□ 사망하다 / 서거하다	□ 已故 [yǐgù]
□ 사망 원인 / 사인	□ 死因 [sǐyīn]

입원기록부			
		입원일:　　년　　　월　　　일	

환자명:	성별:		연령:

주 소:

체온	맥박	호흡	혈압

진단명	
주증상	
현병력	

과거력	약물부작용　　□없음　　□있음_____ 알 레 르 기　　□없음　　□있음_____ 폐 결 핵　　□없음　　□있음_____ 당 뇨 병　　□없음　　□있음_____ 고 혈 압　　□없음　　□있음_____ 간 염　　□없음　　□있음_____ 종 양　　□없음　　□있음_____ 기타질환력_____
가족력	유전성질환　　□없음　　□있음_____ 감염성질환　　□없음　　□있음_____ 종 양　　□없음　　□있음_____ 당 뇨 병　　□없음　　□있음_____ 고 혈 압　　□없음　　□있음_____ 기 타_____

식욕	소화	수면	대소변

Date	Progress Note	Sign

단어

□ 종양	□ 肿瘤 [zhǒngliú]
□ 유전성질환 / 유전병	□ 遗传性疾病 [yíchuánxìngjíbìng]
□ 감염성질환	□ 感染性疾病 [gǎnrǎnxìngjíbìng]
□ 병의 경과	□ 病程 [bìngchéng]
□ 경과기록(Progress Note)	□ 病程记录 [bìngchéng jìlù]

2. 텍스트 이해 및 배경지식

1) 입원기록지 용어 이해

입원기록지에 일반적으로 포함되는 내용은 다음과 같습니다.

항 목	내 용
◆ 환자의 인적 사항(ID)	- 성명, 성별, 나이, 주민등록번호, 주소 등
◆ 주요 증상(C.C) (chief complaint)	- 주소(主訴) 또는 주호소라고도 함 - 환자의 주요 증상, 병원을 찾은 주요 이유 　(예) "오늘 아침부터 심한 복통이 있다." 　　　"일주일째 미열이 계속된다."
◆ 전신 증상(ROS)	- 주된 증상 외에 환자가 불편해하는 부분
◆ 현 병력(P/I) (present illness)	- 증상의 발생시기, 발생상황, 지속시간, 정도, 위치, 악화인자, 완화인자 　등을 기록
◆ 과거 병력(PMHx) (past medical history)	- 환자가 과거에 앓은 모든 병과 알레르기에 대해 기록 - 질병, 사고, 수술, 투약 등을 언제 어떻게 받았고, 그 결과가 어떠하였는 　지 기록 　(예) "폐결핵으로 인해 2000~2002년에 항결핵제를 복용했다."
◆ 가족력(FHx) (family history)	- 가족 관계나 가족의 병력을 기록 - 유전병인 경우 가족력을 통해 많은 정보를 얻을 수 있음 　(예) "환자의 아버지가 68세에 위암으로 사망했다."
◆ 사회력(SHx) (social history) ◆ 개인력 (personal history)	- 사회생활, 직업 관계, 생활습관(술, 담배, 마약, 기호식품) 등을 기록 - 산부인과적으로는 임신력, 월경력, 유산 경험, 성 경험을 기록하기도 함
◆ 신체검진, 신체검사 (P/Ex)	- 환자의 몸을 의사의 감각(시각, 청각 등)과 청진기 등 물리적 기구를 이 　용해 검사
◆ 추정진단, 진단 (Imp and/or Diagnosis)	- 추정진단은 문진과 신체검사만으로 추정되는 진단을 말함 - 검사 등을 통해 환자의 질병이 확실해지면 진단이 이루어짐

2) 已故

문어체에서 많이 사용되는 '故'는 다양한 뜻을 가지고 있으므로 문맥과 상황에 따라 적절히 해석해야 합니다. 본문에서는 동사로 사용되어 '죽다, 사망하다'라는 의미입니다.

(1) (접속사) 그러므로. 그래서

(ex) 药物过敏是常见的药品不良反应之一，严重者会引起过敏性休克而死亡，故如果您曾有过药物过敏史，那么应该告诉医生。

(2) (명사) 원인. 이유

(ex) 在大学的学习生活中，只要不住院，他一次也没有无故旷课、迟到或早退。

(3) (부사) 고의로. 일부러

(ex) 我知道喝了酒不能开车，可还是明知故犯，我知道自己错了。

(4) (동사) 죽다. 사망하다

(ex) 他今年16岁，因其父亲去年病故，母亲离家出走，寄住在舅舅家中。

3) 유전성 질환

유전성 질환은 유전병이라고도 합니다. 좁은 의미의 유전성 질환은 유전자(基因 [jīyīn])에 의하여 일어나는 신체적, 정신적 이상을 가리키며 대표적으로 혈우병(血友病 [xuèyǒubìng])과 색맹(色盲 [sèmáng]) 등이 있습니다. 넓은 의미의 유전성 질환은 유전적인 요인이 연관되어 있는 질환 전체를 의미하며 고혈압(高血压 [gāoxuèyā])과 당뇨병(糖尿病 [tángniàobìng]) 등이 있습니다.

4) 감염성 질환

질병은 크게 감염성 질환과 비감염성 질환으로 나눌 수 있습니다. 감염성 질환은 바이러스(病毒 [bìngdú]), 세균(細菌 [xìjūn]), 곰팡이(霉菌 [méijūn]), 기생충(寄生虫 [jìshēngchóng]) 등 질병을 일으키는 병원체(病原体 [bìngyuántǐ])가 사람에게 전파되어 질환을 일으킵니다. 이에 반해, 비감염성 질환은 고혈압이나 당뇨병과 같이 병원체 없이 일어날 수 있고, 발현 기간이 깁니다.

제8장 입원동의서

환자가 입원을 하기로 결정했다면 입원동의서를 작성해서 접수를 해야 합니다. 입원동의서는 환자의 의무와 권리, 병실 사용, 보증인 등의 약정 내용으로 구성됩니다.

1. 번역 연습

중 → 한 中翻韩

入院知情同意书		
患者姓名:	性别:	年龄:

你享有的权利和义务:

一、享有的权利:

1. 享有了解疾病诊断、病情进展、医师建议的治疗方案、费用、相应风险、疗效及预后的权利。

2. 你对医师提出的诊断及治疗方案享有选择权和决定权。

3. 你可以书面委托具有民事行为能力的人作为你的代理人，代你行使相关的知情同意权和诊疗选择决定权。

4. 你可以要求复印法律规定范围内的病历资料。

5. 我们尊重患者的隐私权，你可以要求医师对你的病情进行保密。

6. 如果发生医疗纠纷，你可通过医患沟通办公室反映并协商解决，或者申请卫生行政部门调解处理，或者向人民法院提起诉讼。

二、在就诊中请你履行以下义务:

1. 必须提供真实的个人信息，包括姓名、性别、年龄、身份证号、地址及联系方式等。

2. 向医护人员详尽如实地提供与你健康有关的一切情况，包括本次患病的基本情况、既往病史、诊治经过、药物过敏史及其他有关详情。

3. 请遵守医疗规章制度，听从医护人员的指导和安排。

4. 住院期间身着病号服、佩戴识别腕带，请勿擅自离开医院及外宿。由于你擅自离开而引起的任何意外情况，我院不承担责任。

5. 医护人员查房、治疗时间请你不要离开病房。

6. 需要进行特殊检查、特殊治疗、手术时，在医师充分告知的前提下，你应签署知情同意书。文书一经自愿签署，即具有相应法律效力，对你正确行使自己的合法权益具有重要意义。

7. 住院期间医师会根据你的病情合理制定饮食，请你遵医嘱进食。

8. 遵从医嘱，积极配合治疗，按时出院。出院后建议你按照医师的康复指导进行活动、休息。

9. 及时缴纳医药费用，以免发生因欠费延误诊疗。

10. 未经主管医师同意你不得擅自到院外就诊，自带药品应征得医师同意方可使用，否则由此发生的不良后果自负。

11. 为确保安全，严禁在病房内吸烟、饮酒。

12. 院区为公共场所，手提电脑、现金、证件等贵重物品请妥善保管，防止丢失。违反规定造成的财产损失，院方不承担赔偿责任。

13. 陪护家属应严格遵守国家法律法规和医院的相关制度规定，不在院区从事违法行为。

我已知晓并同意入院知情同意书全部内容。

患者签名_____

签名日期_____年_____月_____日

如果患者无法签署知情同意书，请其授权的代理人签名：

患者授权代理人签名_____与患者关系_____

签名日期_____年_____月_____日

단어

□ 내막을 알다 / 상황을 알다	□ 知情 [zhīqíng]
➤ 알 권리	➤ 知情权 [zhīqíngquán]
□ 위험 / 리스크	□ 风险 [fēngxiǎn]
□ 치료효과	□ 疗效 [liáoxiào]
□ 예후	□ 预后 [yùhòu]
□ 위임하다 / 위탁하다 / 의뢰하다	□ 委托 [wěituō]
□ 대리인	□ 代理人 [dàilǐrén]
□ 프라이버시의 권리 /	□ 隐私权 [yǐnsīquán]
사생활을 간섭받지 않을 권리	
□ 비밀을 지키다 / 보안을 유지하다	□ 保密 [bǎomì]
□ 분쟁 / 다툼	□ 纠纷 [jiūfēn]
➤ 의료 분쟁	➤ 医疗纠纷 [yīliáojiūfēn]
□ 조정하다 / 중재하다	□ 调解 [tiáojiě]
□ 소송하다	□ 诉讼 [sùsòng]
□ 이행하다 / 실행하다	□ 履行 [lǚxíng]
□ 의료진	□ 医护人员 [yīhùrényuán]
□ 세부사항	□ 详情 [xiángqíng]
□ 규칙 / 장정	□ 规章 [guīzhāng]
□ 환자복	□ 病号服 [bìnghàofú]
□ 지니다 / 차다	□ 佩戴 [pèidài]
□ 손목밴드	□ 腕带 [wàndài]
□ 무단으로 / 멋대로	□ 擅自 [shànzì]
□ 외박하다	□ 外宿 [wàisù]
□ 불의의 사고 / 우발적 사고	□ 意外 [yìwài]
□ 회진하다	□ 查房 [cháfáng]
□ 의사의 지시	□ 医嘱 [yīzhǔ]
□ 협력하다	□ 配合 [pèihé]
□ 건강을 회복하다 / 재활하다	□ 康复 [kāngfù]
□ 납부하다	□ 缴纳 [jiǎonà]
□ 체납하다	□ 欠费 [qiànfèi]
□ 지체하다 / 놓치다 / 지연되다	□ 延误 [yánwù]
□ 담당의사	□ 主管医师 [zhǔguǎnyīshī]
□ 배상하다 / 보상하다	□ 赔偿 [péicháng]
□ 환자를 보살피다 / 간병인	□ 陪护 [péihù]
□ 알다 / 이해하다	□ 知晓 [zhīxiǎo]
□ 권한을 부여하다	□ 授权 [shòuquán]

입원동의서

이름:	성별:	연령:

1. 환자는 ㅇㅇ병원의 입원에 동의합니다.
2. ㅇㅇ병원은 환자의 숙식 편의 및 의료서비스를 제공할 책임이 있습니다.
3. 환자는 치료를 위해 모든 면에서 의사와 의료진들에게 최선을 다해 협력할 것을 동의합니다.
4. 환자는 ㅇㅇ병원의 모든 규율과 정책을 따르며 다른 환자들과 의료진들의 권리를 존중할 것을 동의합니다.
5. 환자는 입원기간 중 환자에 의한 병원장비의 손상에 책임질 것을 동의합니다.
6. ㅇㅇ병원은 1인실을 사용할 경우 이동 침상이나 소파를 사용하는 보호자(간병인)의 숙박은 무료로 제공합니다. 보호자(간병인)의 식사는 별도로 청구되며 보호자(간병인)가 일반 침상을 사용하길 원하면 그에 상응하는 병실 입원료를 지불하여야 합니다.
7. 환자는 규정상 의료보험이 의료적으로 필요한 치료에만 적용된다는 사실을 숙지하고 있으며 보험이 적용되지 않거나 부분 적용되는 치료 또는 입원비용에 대해 환자가 모두 지불해야 합니다.
8. 의료보험이 없거나 의료보험이 적용되지 않는 치료를 받을 경우, 환자는 입원시 200만 원의 예치금을 내셔야 합니다.
9. 연체와 관련하여, 연체된 잔금에 대한 이자를 지불하셔야 하며 일당 0.5%의 금액을 ㅇㅇ병원에 내셔야 할 책임이 있습니다.
10. ㅇㅇ병원은 금고나 ㅇㅇ병원 은행계좌에 보관되지 않은 어떠한 귀중품이나 돈의 분실도 책임지지 않습니다.
11. 환자가 병원을 이탈하는 경우, 어떤 이유에서든 병원 측은 환자의 안전을 책임지지 않습니다. 환자는 근무 중인 담당자에게 미리 알리지 않은 채 무단으로 병원건물 밖으로 나갈 수 없습니다.
12. 의료과오나 의료진의 근무태만에 의한 상태악화를 제외하고는, 환자는 ㅇㅇ병원에서의 치료 중 또는 치료 후의 상태악화에 대하여 이의 신청이나 법적 소송을 하지 않을 것을 약속합니다.
13. 만약 법적 분쟁이 발생한다면, 병원 측과 환자는 우선 상호 협의점을 찾도록 노력할 것입니다. 분쟁이 해결되지 않을 경우, 양측은 대한민국 의료법 제70조에 의거하여 의료심판중재위원회의 중재를 따라야 할 것입니다.

아래 서명하는 본인은 위의 모든 내용을 이해하였으며 위의 상기된 모든 조건들에 대해 동의합니다.

서명 날짜:　　　년　　　월　　　일

환자/보호자 서명:

단어

□ 최선을 다하다	□ 尽最大努力 [jìn zuìdà nǔlì]
□ 따르다 / 준수하다	□ 遵守 [zūnshǒu]
□ 손상하다 / 파손하다	□ 损坏 [sǔnhuài]
□ 1인실 병실	□ 单人病房 [dānrén bìngfáng]
□ 이동식 침상	□ 移动床 [yídòngchuáng]
□ (병원) 침상	□ 床位 [chuángwèi]
□ ~에 적용하다	□ 适用于~ [shìyòngyú]
□ 예치금	□ 预交金 [yùjiāojīn]
□ 잔금	□ 余额 [yú'é]
□ 이자	□ 利息 [lìxī]
□ 금고	□ 保险柜 [bǎoxiǎnguì]
□ 계좌	□ 账户 [zhànghù]
□ 의료과오	□ 医疗过失 [yīliáoguòshī]
□ 근무태만	□ 失职 [shīzhí]
□ 약속하다	□ 承诺 [chéngnuò]
□ 병원측	□ 院方 [yuànfāng]
□ 중재하다	□ 调解 [tiáojiě]
□ 상기의 / 상술한	□ 上述 [shàngshù]

2. 텍스트 이해 및 배경지식

1) 请勿擅自离开医院及外宿。
   为确保安全，严禁在病房内吸烟、饮酒。

'请勿～'(～하지 마십시오)와 '严禁～'(～를 엄금하다)은 길거리의 표지판이나 안내문 등에서 금지를 나타낼 때 많이 사용되는 표현입니다. 비슷한 표현으로 '禁止'를 사용하기도 합니다.
   '请勿'에서 '勿'는 '不要'의 뜻으로 '请'과 함께 쓰여 정중히 금지를 나타냅니다. '禁止'는 '请勿'보다 강경한 어조로 금지를 나타내며 주로 법률의 구속을 받을 때 사용됩니다. '严禁'은 셋 중에서 어조가 가장 강경하며 주변 환경이나 장소의 여건상, 관련 행위가 생명이나 안전에 지장을 줄 수 있어 타협의 여지가 없을 때 사용됩니다.

① 请勿拍照
② 请勿打扰
③ 禁止遛狗
④ 禁止通行
⑤ 严禁酒后驾车
⑥ 严禁无证驾驶

❖ 다음 각 안내 표지판의 의미가 어떤 차이가 있는지 이야기해 봅시다.

①

②

③

❖ 다음은 중국과 한국의 병원 표지판입니다. 표지판 안의 문구를 번역해 봅시다.

2) 文书一经自愿签署，即具有相应法律效力, ……

'一经'은 '일단 ~하면, ~하자마자'라는 뜻으로 뒷구절의 '就', '便', '即' 등과 호응합니다. 어떠한 절차나 행위를 거치기만 하면 바로 관련 결과가 나타난다는 뜻으로, 뒷구절에 그 결과가 바로 이어집니다.

① 癫痫一经确诊，即应及早治疗。

② 内窥镜隆胸整形术一经推出，就颇受爱美人士的好评。

3) 及时缴纳医药费用, 以免发生因欠费延误诊疗。

'以免'은 '~하지 않도록'이란 뜻으로 뒷절의 첫머리에 위치하며 주로 문어체에서 사용됩니다. 구어체에서는 '免得' 또는 '省得'를 주로 사용합니다.

① 您不可躺着吃药，以免伤害食管。

② 手术前请务必与医院签订相关协议，以免发生纠纷。

③ 冠心病病人若外出旅游，应备好常用药、急救药，以免出现意外。

4) 보호자의 숙박은 무료로 제공합니다.
   보호자 서명

한국어에서 '보호자'는 '어떤 사람을 보호할 책임을 가지고 있는 사람'으로 구어체와 문어체를 막론하고 광범위하게 사용됩니다. 그러다 보니 중국어에서는 일대일로 맞아떨어지는 대응어를 찾기가 어렵습니다. 이런 경우에는 여러 가지 가능한 대안 중에서 상황에 따라 가장 적절하고 어울리는 말을 선택해야 합니다.

한국어의 보호자 범주에 해당하는 중국어 표현으로 '家属', '亲属', '监护人' 등을 생각해 볼 수 있습니다. 만일 일반적인 상황에서 사용한다면 '家属'가 무난할 것이고, 법률 문서라면 '监护人'이 어울릴 수도 있습니다.

이처럼 번역은 여러 개의 가능한 대안 가운데 상황과 맥락에 가장 적절한 대안을 선택하는 능력입니다. 번역에는 정해진 하나의 정답은 없습니다. 텍스트를 많이 읽으며 자신이 확보하고 있는 대안의 수를 늘리고, 비판적 사고로 선택과 결정 능력을 키우는 것이 바로 번역 학습에서 이루어져야 할 부분입니다.

제9장 수술(검사, 마취, 수혈)동의서

　수술(검사, 마취, 수혈)동의서는 환자 또는 가족이 기록하는 것으로, 의사에게 수술(검사, 마취, 수혈), 합병증 유발 가능성 등에 대한 설명을 들었고, 의학적 처리의 위임 및 결과에 대해 이의를 제기하지 않으며 환자의 선택에 의해 수술을 시행함을 서약하는 서식입니다. 수술동의서에는 병명, 수술명, 설명하는 의사 이름, 수술에 대한 정보(수술의 필요성, 합병증, 우발적 사고) 등이 담겨 있습니다. 수술, 검사, 마취, 수혈 등 각종 동의서는 법적 문제가 발생했을 경우 병원과 의사를 보호하기 위해 만드는 서식입니다.

1. 번역 연습

중 → 한 中翻韩

1)

手术同意书		
患者姓名:	性别:	年龄:
目前诊断:		
拟施手术:		
术中和术后可能出现的并发症、手术风险向病人或代理人说明如下:		

　　病人患＿＿＿＿＿＿疾病，需手术治疗。本医师针对病人病情，告知了目前可行的治疗方案，且说明了优、缺点。经向患方充分告知，医患达成一致，选择上述治疗方案。由于病情的关系及个体差异，依据现有医学科学技术的条件，施行该手术可能出现无法预料或者不能防范的不良后果。本医师已充分向病人(病人家属、代理人)交代说明，一旦发生所述情况，可能加重病情或危及生命，医务人员将按医疗原则予以尽力抢救，但仍可能产生不良后果。是否同意，请书面表明意愿并签字。

医师签名: ＿＿＿＿＿＿＿＿＿＿

日期:　　　年　　　月　　　日

　　本人系病人(或受病人委托的代理人)，因患＿＿＿＿＿＿疾病，需治疗。经医师向我交代各种治疗方案的优、缺点后，我决定 接受/拒绝 手术治疗，并承担相应的风险和后果。

病人(或代理人)签名

与病人的关系:

日期:　　　年　　　月　　　日

단어

□ 환자측	□ 患方 [huànfāng]
□ 예측하다 / 예상하다	□ 预料 [yùliào]
□ 방비하다 / 대비하다	□ 防范 [fángfàn]
□ 설명하다 / 알려주다	□ 交代 [jiāodài]
□ 위험이 미치다	□ 危及 [wēijí]
□ 의료진	□ 医务人员 [yīwùrényuán]
□ 최선을 다하다 / 온 힘을 다하다	□ 尽力 [jìnlì]
□ 응급처치하다 / 구조하다	□ 抢救 [qiǎngjiù]
□ 서면 / 지면	□ 书面 [shūmiàn]
□ ~이다	□ 系 [xì]

2)

整形外科手术知情同意书		
患者姓名:	性别:	年龄:

治疗建议和介绍:
　　医生已告知我需要在_____麻醉下进行_____术。

手术简介:

手术潜在风险和对策:

　　医生告知我手术可能发生的一些风险，有些不常见的风险可能没有在此列出，具体的手术方式根据不同病人情况有所不同，医生告诉我可与我的医生讨论有关我手术的具体内容，如果我有特殊的问题可与我的医生讨论。

1. 有关手术的情况:

1) 我理解由于个人审美观点不同和现行医疗水平有限，手术效果不一定能完全满足患者要求;

2) 我理解我应严格遵医嘱治疗，若出现异常反应，应及时到医院就诊，以便进一步处理;

3) 我理解术后手术部位肿胀有一定的恢复期，根据个人年龄、体质、手术部位和手术类型的不同，恢复时间长短不一样;

4) 我理解如有精神异常病史、瘢痕增生、出血倾向、药物过敏等不宜手术的情况，术前应如实告诉医师;

5) 我理解人体的两侧并不完全相同，因此手术也不能使两侧完全对称或一致。

2. 我理解手术是一种创伤性的治疗手段，具有一定风险，实施本手术可能发生的医疗意外及并发症包括但不限于:

1) 出血: 伤口及创面出血、血肿，可能需再次手术进行止血，清除血肿。

2) 感染: 伤口可因感染而致瘢痕增生，正常皮肤也可因感染和切开引流形成新的皮肤瘢痕。

3) 瘢痕: 术后必定会留下手术切口和手术部位瘢痕。瘢痕增生的程度和个人体质、手术部位、年龄等多种因素密切相关，而非手术医师能够人为控制和预测。

4) 手术中采用的各种组织代用品，可能出现排异反应，与手术本身无关，需取出假体或再次手术。

5) 可能出现局部皮肤的色素沉着。

6) 任何手术麻醉都存在风险。任何所用药物都可能产生副作用，包括轻度的恶心、皮疹等症状，以及严重的过敏性休克，甚至危及生命。

特殊风险或主要高危因素:

我理解根据我个人的病情，我可能出现以下特殊并发症或风险:

_____

一旦发生上述风险和意外，医生会采取积极应对措施。

患者知情选择:

我的医生已经告知我将要进行的操作方式、此次操作及操作后可能发生的并发症和风险、可能存在的其他治疗方法，并且解答了我关于此次操作的相关问题。

- 我同意在操作中医生可以根据我的病情对预定的操作方式做出调整。
- 我理解我的手术需要多位医生共同进行。
- 我并未得到手术百分之百成功的许诺。
- 我授权医师对操作切除的病变器官、组织或标本进行处置。

患者签名:　　　　　　　　　签名日期:　　　年　　　月　　　日

如果患者无法签署知情同意书，请其授权的代理人在此签名:

患者授权代理人签名:　　　　　与患者关系:

　　　　　　　　　　　　　　签名日期:　　　年　　　月　　　日

医生陈述:

我已经告知患者将要进行的手术方式、此次手术及术后可能发生的并发症和风险、可能存在的其他治疗方法，并且解答了患者关于此次手术的相关问题。

医生签名:　　　　　　　　　签名日期:　　　年　　　月　　　日

단어

☐ 알리다 / 고지하다	☐ 告知 [gàozhī]
☐ 잠재하다	☐ 潜在 [qiánzài]
☐ 열거하다	☐ 列出 [lièchū]
☐ 심미(적)	☐ 审美 [shěnměi]
☐ 붓다	☐ 肿胀 [zhǒngzhàng]
☐ 흉터	☐ 瘢痕 [bānhén]
☐ 증식하다	☐ 增生 [zēngshēng]
☐ 출혈경향 / 출혈소인	☐ 出血倾向 [chūxuèqīngxiàng]
☐ 대칭이다	☐ 对称 [duìchèn]
☐ 적당하지 않다	☐ ㊀ 不宜 [bùyí]
☐ 상처 표면	☐ 创面 [chuāngmiàn]
☐ 혈종	☐ 血肿 [xuèzhǒng]
☐ 지혈하다	☐ 止血 [zhǐxuè]
☐ 절개 배농	☐ 切开引流 [qiēkāiyǐnliú]
☐ 거부반응	☐ 排异反应 [páiyìfǎnyìng]
☐ 보형물	☐ 假体 [jiǎtǐ]
☐ 쇼크	☐ 休克 [xiūkè]
☐ 위험성이 높은	☐ 高危 [gāowēi]
☐ 답하다	☐ 解答 [jiědá]
☐ (수술에서) 잘라내다	☐ 切除 [qiēchú]
☐ 처리하다	☐ 处置 [chǔzhì]

3)

输血知情同意书		
姓名:	性别:	年龄:
签署日期:		

疾病介绍和治疗建议:

　　根据病情，患者需要输注血液。输血是保证临床治疗得以顺利进行的重要措施之一，亦是抢救患者生命的必要手段。

　　患者基本情况:

诊断: _____　血型: _____

输血史: 有　　　无　　　妊娠史: 无　　　孕___产___

治疗潜在风险和对策:

　　在患者接受输血前，医护人员有义务和责任向患者明确说明有关输血中可能存在的风险。我院为患者提供的血液虽经过采供血机构按国家标准进行严格检测，但受到当前科技水平的限制，现有的检验手段不能够完全解决病毒感染的窗口期和潜伏期问题。因此，输入经过检测正常的血液，仍有可能发生经血传播传染性疾病。

医师陈述:

　　我已经告知患者有关输血的原因、必要性以及输血可能存在的风险，并解答了关于输血相关的问题。

医师签名_____

患者知情选择:

　　有关输血的原因、必要性以及输血可能存在的风险，医护人员已经向我详细告知，我理解，受医学科学技术条件局限，在输血过程中上述风险是难以完全避免的。我同意实施必要的输血并自主自愿承担可能出现的风险。若在输血期间发生意外紧急情况，同意接受医院的必要处置。

患者签名_____

　　如果患者无法签署，请其授权代理人签名:

_____与患者关系_____

단어

☐ 바이러스	☐ 病毒 [bìngdú]
☐ 항체미형성기(window period)	☐ 窗口期 [chuāngkǒuqī]
☐ 잠복기	☐ 潜伏期 [qiánfúqī]
☐ 피하다 / 면하다 ➢ 피하기 어렵다 / 불가항력이다	☐ 避免 [bìmiǎn] ➢ 难以避免 / 不可避免
☐ 긴급하다	☐ 紧急 [jǐnjí]

1)

수술(검사, 마취)동의서			
병 명			
수 술 / 검 사 명			
마 취	□전신마취	□척추마취	□국소마취
주치의(설명의사)			

본인은 본인에 대한 수술의 필요성, 내용, 예상되는 합병증, 후유증 등에 대해 의사로부터 설명을 들었으며, 본 수술로서 야기될 수 있는 합병증 또는 환자의 특이체질로 우발적 사고가 일어날 수도 있다는 것을 이해하며 수술에 협력할 것을 서약하고, 다음 사항을 성실히 알리며 이에 따른 의학적 처리를 주치의 판단에 위임하여 수술을 하는 데 동의합니다.

기왕력: □없다   □있다(   )

특이체질 및 질병: □약물 알레르기   □고혈압   □당뇨병
　　　　　　　　 □심장병   □출혈소인
　　　　　　　　 □기타(   )

20 년 월 일 시 분	
환자 또는 대리인	(인)
주소	

본 동의서는 본인의 서명이나 날인으로 유효하나 본인이 서명하기 어려운 신체적, 정신적 지장이 있거나 또는 미성년자일 경우에는 보호자 또는 대리인이 이를 대행합니다.

단어

□ 전신마취	□ 全身麻醉 [quánshēnmázuì]
□ 국소마취	□ 局部麻醉 [júbùmázuì]
□ 척추마취	□ 脊椎麻醉 [jǐzhuīmázuì]
□ 주치의	□ 主治医师 [zhǔzhìyīshī]
□ 특이체질	□ 特异体质 [tèyìtǐzhì]
□ 후유증	□ 后遗症 [hòuyízhèng]
□ 날인하다	□ 盖章 [gàizhāng]
□ 효력이 발생하다 / 발효하다	□ 生效 [shēngxiào]

2)

수혈동의서			
성 명		성 별	
주민등록		날 짜	
병 명		수혈종류	

상기 환자는_____의 이유로 수혈이 필요합니다.

담당의사　　　　(인)

　　본원에서 수혈하는 혈액은 대한적십자혈액원에서 최신의 방법으로 AIDS(후천성면역결핍증) 항체검사를 실시하여 음성판정을 받은 혈액입니다. 그러나 현재까지 개발된 방법으로는 항체 음성 AIDS 보균자의 혈액이 아니라고 확인할 수 있는 방법이 없으므로, 이 혈액으로 인하여 AIDS에 감염될 가능성을 완전히 배제할 수 없습니다.

　　환자가 지정한 사람에게 헌혈을 받아 곧바로 수혈하고자 하는 경우는 전염성질환(간염, 매독, AIDS, 말라리아)에 대한 검색이 안 된 혈액이 환자에게 수혈되므로 상기 질환에 감염될 수 있습니다.

상기 해당 설명을 주치의로부터 들었습니다.
수혈을 받겠습니다.

환자 성명　　　　(인)

단어

□ 적십자	□ 红十字 [hóngshízì]
□ 에이즈(AIDS) 　후천성 면역 결핍증	□ 艾滋病 [àizībìng] / 获得性免疫缺陷综合征 　[huòdéxìngmiǎnyìquēxiànzōnghézhēng]
□ 항체	□ 抗体 [kàngtǐ]
□ 음성 　➢ 양성	□ 阴性 [yīnxìng] 　➢ 阳性 [yángxìng]
□ 보균자	□ 病毒携带者 　[bìngdúxiédàizhě]
□ 헌혈하다	□ 献血 [xiànxiě] [xiànxuè]
□ 간염	□ 肝炎 [gānyán]
□ 매독	□ 梅毒 [méidú]
□ 말라리아 / 학질	□ 疟疾 [nüèji]

2. 텍스트 이해 및 배경지식

1) ……, 医务人员将按医疗原则<u>予以</u>尽力抢救, ……

'予以~'는 '~를 주다'라는 뜻으로 이음절 동사가 뒤에 이어집니다.

① 如有专业医护人员，请予以协助。

② 如果发现已经感冒了，也不必过分敏感，只要及时去医院予以治疗快速康复。

2) ……, 若出现异常反应, 应及时到医院就诊, <u>以便</u>进一步处理;

'以便~'은 '~할 수 있도록'이라는 뜻으로 뒷절의 첫머리에 씁니다.

① 我院将进一步加强管理工作，以便更好地为病人服务。

② 您一定要找正规的整形美容医院，以便达到更好的治疗效果。

3) 输血是保证临床治疗<u>得以</u>顺利进行的重要措施之一, ……

'得以~'는 '借此可以(이 기회를 빌려 할 수 있다)'라는 뜻으로 이음절 동사가 뒤에 이어집니다.

① 大部分患者通过手术，病情能得以缓解。

② 在医生的精心治疗下，我才得以恢复健康。

4) 출혈경향

출혈경향(bleeding tendency)은 출혈소인이라고도 하는데, 지혈 메커니즘의 장애로 인해 전신적으로 출혈하기 쉬운 상태가 되고 사소한 손상에도 출혈이 되는 것을 뜻합니다.

5) 항체미형성기

항체미형성기(window period)란 에이즈에 감염되었으나 항체 검사에서 음성으로 나오는 기간으로, 일반적으로 감염 후 6~12주에 해당하는 기간입니다.

제10장 수술기록지

    수술기록지(operation record)는 수술시 이루어지는 모든 내용을 기록하는 양식입니다. 환자의 인적 사항, 마취, 수술명, 진단, 수술 절차 및 경과, 수술 집도의사(주로 전문의)와 보조의사(전공의)의 이름과 서명, 수술 후 환자의 상태에 대한 내용이 담겨 있습니다.

1. 번역 연습

1)

手术记录	
姓　　名:	病案号:
日　　期:　　　年　　　月　　　日	
手术名称:	
手术时间:　　　时　　　分	
手术医生:	助　　手:
麻　　醉:	麻醉医生:
输　　血:　　　毫升	输　　液:　　　毫升
切口部位:	
使用材料:	
手术经过:	
术中出现的情况及处理:	
签名:	

수술기록지 OPERATION RECORD		
Date of Operation(수술 일자):		
Name(성명):	Sex(성별):	Age(연령):
Anesthesia(마취):		
Pre-operational diagnosis(수술 전 진단):		
Post-operational diagnosis(수술 후 진단):		
Name of operation(수술명):		
Findings and procedures(발견사항 및 절차):		
Tissue to path.(병리조직검사 의뢰): 　　　　　Yes　　　No	Drains(배액관)	
Dictated/Written by(작성자)	Surgeon's signature(집도의 서명)	

단어

□ 진료기록번호	□ 病案号 [bìng'ànhào]
□ 수술의사 / 집도의	□ 手术医生 [shǒushù yīshēng] / 主刀医生 [zhǔdāo yīshēng]
□ 보조	□ 助手 [zhùshǒu]
□ 마취의	□ 麻醉医生 [mázuì yīshēng]
□ 수혈(하다)	□ 输血 [shūxuè]
□ 수액(을 놓다) / 링거를 맞다	□ 输液 [shūyè]
□ 밀리리터(ml)	□ 毫升 [háoshēng]
□ 수술 자리 / 절개한 자리	□ 切口 [qiēkǒu]
□ 배액관(drain)	□ 引流管 [yǐnliúguǎn]

2. 텍스트 이해 및 배경지식

1) 단위

의학 분야에서 자주 나오는 단위의 중국어 표현을 익혀 봅시다.

□ 킬로그램(kg)	□ 千克 [qiānkè] / 公斤 [gōngjīn]
□ 그램(g)	□ 克 [kè]
□ 밀리그램(mg)	□ 毫克 [háokè]
□ 마이크로그램(μg)	□ 微克 [wēikè]
□ 리터(l)	□ 升 [shēng]
□ 밀리리터(ml)	□ 毫升 [háoshēng]
□ 마이크로리터(μl)	□ 微升 [wēishēng]
□ 미터(m)	□ 米 [mǐ]
□ 센티미터(cm)	□ 厘米 [límǐ]
□ 밀리미터(mm)	□ 毫米 [háomǐ]
□ 나노미터(nm)	□ 纳米 [nàmǐ]
□ 밀리미터 에이치지 / 밀리미터 수은주(mmHG) (혈압의 단위)	□ 毫米汞柱 [háomǐgǒngzhù]

2) 병원 의료용품

자주 사용하는 의료용품의 명칭을 알아봅시다.

☐ 청진기	☐ 听诊器 [tīngzhěnqì]
☐ 혈압계	☐ 血压计 [xuèyājì]
☐ 체온계	☐ 体温表 [tǐwēnbiǎo]
☐ 설압자	☐ 压舌板 [yāshébǎn]
☐ 니들(needle)	☐ 针头 [zhēntóu]
☐ 주사기	☐ 注射器 [zhùshèqì]
☐ 소독용 솜	☐ 棉球 [miánqiú]
☐ 면봉	☐ 棉签 [miánqiān]
☐ 붕대	☐ 绷带 [bēngdài]
☐ 지혈대	☐ 止血带 [zhǐxuèdài]
☐ 거즈	☐ 纱布 [shābù]
☐ 드레싱	☐ 敷料 [fūliào]
☐ 반창고	☐ 橡皮膏 [xiàngpígāo] 胶布 [jiāobù]
☐ 밴드	☐ 创可贴 [chuāngkětiē]
☐ 부목	☐ 夹板 [jiābǎn]
☐ 수술대	☐ 手术台 [shǒushùtái]
☐ 메스(mess)	☐ 手术刀 [shǒushùdāo]
☐ 지혈감자	☐ 止血钳 [zhǐxuèqián]
☐ 가위	☐ 剪刀 [jiǎndāo]
☐ 핀셋	☐ 镊子 [nièzi]
☐ 봉합사	☐ 缝合线 [fénghéxiàn]

제11장 간호기록지

간호기록지(nurse record)는 환자에 대한 치료와 병실 생활에 대한 기록입니다. 간호사는 매일 일정 시간 간격으로 환자의 증상, 검사, 시술, 처치, 투약, 식사, 수면, 배설 등 환자의 생활 전반을 상세히 기록합니다. 간호기록지는 간호사 간, 의사와 간호사 간의 의사전달 도구로서 중요한 역할을 합니다.

1. 번역 연습

중 → 한 中翻韩

护理记录单								
手术名称:								
姓名:			性别:			年龄:		
住院号:								
日期	时间	生命体征			引流量(ml)		病情记录	签名
		体温 (℃)	脉搏 (次/分)	血压 (mmHg)	左	右		

한 → 중 韩翻中

간호기록지							
이름:			주민등록:		연령: 세		
날짜		시간 Time	약물 및 처치 Medication & Procedure	음식 Diet	간호기록 Nurse Note	서명 Sign	
월	일						

단어

□ 간호하다 / 돌보다	□ 护理 [hùlǐ]
□ 활력징후 (vital sign)	□ 生命体征 [shēngmìngtǐzhēng]
□ 맥박	□ 脉搏 [màibó]
□ 밀리미터 에이치지 / 밀리미터 수은주(mmHG) ➢ 최고혈압 / 수축기 혈압 ➢ 최저혈압 / 이완기 혈압	□ 毫米汞柱 [háomǐgǒngzhù] ➢ 收缩压 [shōusuōyā] ➢ 舒张压 [shūzhāngyā]
□ 배액량	□ 引流量 [yǐnliúliàng]
□ 투약 / 약물처치(medication)	□ 配药 [pèiyào]

2. 텍스트 이해 및 배경지식

1) 활력징후

활력징후(vital sign)는 체온, 맥박, 혈압, 호흡, 의식 정도와 같이 인간에게 생명이 있다는 것을 입증해 주는 징후가 되는 요소입니다. 의사가 환자를 진찰할 때 기본적으로 관찰하는 항목으로, 구급의료의 현장에서 환자의 상태를 파악하는 데 유용합니다.

2) 체온, 맥박, 혈압 관련 표현

① 护士给病人量了体温，还是38.5度。

② 测过体温、脉搏、血压了吗？

③ 体温36.8度，脉搏每分钟80次，血压120/90毫米汞柱。

제12장 진료비계산서

진료비 계산서 및 영수증에는 진료받은 내역에 대한 비용이 쓰여 있습니다. 진료비가 정확히 계산되었는지 확인하고 연말소득공제도 할 수 있는 중요한 자료입니다.

1. 번역 연습

중 → 한 中翻韩

<table>
<tr><td colspan="2" align="center">手术收费结算表</td></tr>
<tr><td colspan="2">_____小姐/先生，于_____年_____月_____日在本院做
_____手术，手术过程中，所用_____材料，计_____元，手术费_____元；
术中药费_____元，麻醉费_____元，止痛泵_____元；
术后药费_____元，其他材料费_____元，共计人民币_____元。
(大写)____万____仟____佰____拾____元____角____分。</td></tr>
<tr><td colspan="2">备注：</td></tr>
<tr><td colspan="2">求美者签名：</td></tr>
<tr><td colspan="2">护士签名：</td></tr>
<tr><td colspan="2">医生签名：</td></tr>
<tr><td colspan="2" align="right">年　　　月　　　日</td></tr>
</table>

단어

□ 진통펌프	□ 止痛泵 [zhǐtòngbèng]
□ 영수증	□ 收据 [shōujù]

□외래 □입원 (□퇴원 □중간) 진료비 계산서·영수증							
환자등록번호		환자성명		진료기간		야간(공휴일)진료	
				. . .부터 . . .까지		□야간 □공휴일	
진 료 과 목		질병군(DRG)번호	병실		환자구분	영수증 번호 (연월-일련번호)	
항 목		요양급여(①+②)	비급여③		금액산정내역		
필수항목	진 찰 료				진료비총액④ (①+②+③)		
	입 원 료						
	식 대				환자부담총액⑤ (①+③)		
	투약 및 조제료						
	주 사 료				이미 납부한 금액⑥		
	마 취 료						
	처치 및 수술료				수납금액⑦ (⑤-⑥)		
	검 사 료						
	영 상 진 단 및 방 사 선 치 료 료						
	치 료 재 료 대						
	전 액 본 인 부 담						
선택항목	재활 및 물리치료료						
	정 신 요 법 료						
	CT 진 단 료						
	MRI 진 단 료						
	초 음 파 진 단 료						
	보 철·교 정 료						
	수 혈 료						

선 택 진 료 료			
계			
본인부담금①			
보험자부담금②			
사업자등록번호		상 호	
사업장소재지		성 명	
년 월 일			

단어

□ 외래	□ 门诊 [ménzhěn]
□ 질병군(DRG)	□ 疾病诊断相关组 [jíbìngzhěnduànxiāngguānzǔ]
□ 일련번호	□ 编号 [biānhào]
□ 급여 / 보조하다	□ 补贴 [bǔtiē]
□ 조제하다	□ 调剂 [tiáojì]
□ 물리치료	□ 理疗 [lǐliáo] = 物理疗法 [wùlǐliáofǎ]
□ 보철	□ 修复 [xiūfù]
□ 보험자 / 보험업자	□ 保险人 [bǎoxiǎnrén]

2. 텍스트 이해 및 배경지식

1) 갖은자(大写)

중국어의 숫자 표기는 일반 숫자 표기와 갖은자 표기가 있습니다. 갖은자는 일반적으로 사용되는 숫자 표기에 획을 더 많이 추가하여 복잡하게 만든 글자입니다. 상거래를 하거나 공문서를 작성할 때 금전이나 행정 서류를 위조하는 것을 방지하기 위해 사용되기 시작했습니다. 예를 들어 '一' 위에 획을 하나 추가하면 '二'가 되고 세로로 획을 추가하면 '十'이 되기 때문입니다. 화폐단위 '元'은 '圆'으로 쓰기도 하며 '角', '分' 단위가 없을 때는 '元'이나 '圆' 뒤에 '整'(정, 나머지가 없음)을 붙입니다.

그럼 갖은자를 쓰는 방법에 대해 알아봅시다.

〈표 12-1〉 汉语数字的大写方法

一	二	三	四	五	六	七	八	九	十	百	千
壹	贰	叁	肆	伍	陆	柒	捌	玖	拾	佰	仟

2) 질병군(DRG)

질병군(Diagnosis Related Group)은 미국 예일대학교에 의해 개발된 입원환자 분류체계입니다. 이 분류체계에 따르면 모든 입원환자들이 주진단명, 부상병명, 수술명, 연령, 성별, 진료결과 등에 따라 진료내용이 유사한 질병군으로 분류됩니다.

제13장 진료확인서

진료확인서는 학교나 회사에 병원 진료를 받았음을 확인하는 증빙서류로 사용됩니다. 환자의 인적 사항, 입원기간, 치료기간, 의사의 진단 등에 대한 내용이 담겨 있습니다.

1. 번역 연습

중→한 中翻韩

诊断证明书				
姓名:	性别: 男　　女		年龄:	
单位:				
住院号:				
住院自: 20○○年○月○日至20○○年○月○日				
诊断:				
医师意见:				
发给日期: 20○○年○月○日				
○○医院			医师○○○(印)	

진료확인서		
성명:	성별:	연령:　　　　　　　세
주소		
병명		
입원 치료	년　　월　　일부터 년　　월　　일까지 (　　일간)	
통원 치료	년　　월　　일부터 년　　월　　일까지 (　　일간)	
실 통원일자	월	
	월	
	월	
상기와 같이 진료받았음을 확인함 발행일:		
요양기관명: 주소: 의사면허번호: 전문의면허번호: 원장: 전화번호:		

단어

□ 발급하다 / 교부하다	□ 发给 [fāgěi]
□ 통원 치료	□ 门诊治疗 [ménzhěn zhìliáo]
□ 면허(증)	□ 执照 [zhízhào]
□ 전문의	□ 专业医师 [zhuānyèyīshī]

2. 텍스트 이해 및 배경지식

1) 住院自2010年10月1日至2010年10月15日

'自~至'은 문어체에서 언제부터 언제까지의 기한을 나타내는 표현으로 구어체 '从~到'
와 같은 의미입니다.

① 试用期为三个月，自2011年1月2日至2011年3月31日。

② 我们医院自1月至今，收治的胰腺炎患者剧增。

③ 我院自始至终坚持"诚信"的经营原则。

2) 통원치료

통원치료는 병원에 입원하지 않고 병원을 방문하여 치료와 진단을 받는 외래진료를 의
미합니다.

제14장 처방전

처방전은 약이나 주사를 환자에게 투여하기 위해 약의 용량과 용법을 기록한 것입니다. 처방전에는 약의 이름, 분량, 용법 및 용량이 필수적으로 포함됩니다.

1. 번역 연습

중 → 한 中翻韩

处方笺				
医保卡号:			处方编号:	
姓名:	性别:		年龄:	
门诊/住院号:	科别:		日期:	
临床诊断:				
药品	总数	每次	用法	医嘱
医师:	审核药师:		金额:	
调配药师:	核对药师:		发药药师:	

단어

□ 처방전	□ 处方笺 [chǔfāngjiān]
□ 의사의 지시	□ 医嘱 [yīzhǔ]
□ 약사	□ 药师 [yàoshī]
□ 배합하다	□ 调配 [tiáopèi]
□ 심사하다 / 감사하다	□ 审核 [shěnhé]

처 방 전					
환자	성 명		의료 기관	명 칭	
				전 화 번 호	
	주 민 등 록			팩 스 번 호	
				E-mail 주 소	
질병분류기호			처방 의료인 성명		

처방 의약품의 명칭	1회 투약량	1일 투여횟수	총 투약일수	용법

주사제 처방내역 (원내조제 ( ), 원외처방 ( ))	조제시 참고사항

사용기간: 교부일로부터 ( )일간 사용기간 내에 약국에 제출하여야 합니다.

의약품 조제내역			
조제 내역	조제 기관의 명칭		처방의 변경·수정·확인 대체시 그 내용 등
	조제 약사	성명: (서명 또는 날인)	
	조제량(조제일수)		
	조제 연월일		

단어

□ 투여하다 / 약을 쓰다	□ 用药 [yòngyào]
□ 주사제	□ 注射剂 [zhùshèjì]
□ 조제량	□ 剂量 [jìliàng]

2. 텍스트 이해 및 배경지식

1) 처방 및 복약 지시사항

약 처방 및 복약 지시사항과 관련된 표현을 알아봅시다.

① 의사의 처방전이 있어야만 약을 탈 수 있습니다.

　必须有医生的处方笺才能拿药。

② 이런 약은 처방전이 없어도 살 수 있습니다.

　这种药没有处方也可以买到。

③ 이 알약은 하루에 세 번, 두 알씩 드세요.

　这药片儿一天吃三次，一次(吃)两片。

④ 하루에 세 번, 식후 복용하세요.

　一天三次，饭后服用。

⑤ 식전 공복에 복용하세요.

　请在饭前空腹服用。

⑥ 혈압강하제를 제때 복용하셔야 합니다.

　您要按时服用降压药。

⑦ 이것은 외용약이오니, 면봉으로 환부에 발라 주세요.

　这是外用药，用棉花棒涂在患处。

2) 약의 종류

여러 가지 약의 종류에 대해 알아봅시다.

□ 내복약 / 먹는 약	□ 内服药 [nèifúyào] □ 口服药 [kǒufúyào]
□ 내복액 / 드링크제	□ 口服液 [kǒufúyè]
□ 감기약	□ 感冒药 [gǎnmàoyào]
□ 기침약	□ 止咳药 [zhǐkéyào]
□ 해열제	□ 退烧药 [tuìshāoyào]
□ 진통제	□ 止痛药 [zhǐtòngyào]
□ 아스피린	□ 阿司匹林 [āsīpǐlín]
□ 소화제	□ 消化剂 [xiāohuàjì]
□ 설사약	□ 腹泻药 [fùxièyào]
□ 지사제	□ 止泻药 [zhǐxièyào]
□ 변비약	□ 便秘药 [biànmìyào]
□ 멀미약	□ 晕车药 [yùnchēyào]
□ 수면제	□ 安眠药 [ānmiányào]
□ 소염제	□ 消炎药 [xiāoyányào]
□ 구충제	□ 驱虫剂 [qūchóngjì]
□ 외용약 / 바르는 약 / 붙이는 약	□ 外用药 [wàiyòngyào]
□ 안약	□ 眼药 [yǎnyào]
□ 소독약	□ 消毒药 [xiāodúyào]
□ 알코올	□ 酒精 [jiǔjīng]
□ 알약	□ 药片 [yàopiàn]
□ 가루약	□ 药粉 [yàofěn]
□ 물약	□ 药水 [yàoshuǐ]
□ 캡슐	□ 胶囊 [jiāonáng]
□ 연고	□ 药膏 [yàogāo]

3) 약의 양사

약을 세는 양사에 대해 알아봅시다.

□ 약 한 알	□ 一片 [piàn] 药 / 一粒 [lì] 药 / 一丸 [wán] 药
□ 약 한 제 (한 제는 탕약 스무 첩)	□ 一剂 [jì] 药
□ 약 한 첩 (한방, 약봉지로 싼 약)	□ 一服 [fù] 药
□ 약 한 사발	□ 一碗 [wǎn] 药
□ 약 한 숟가락	□ 一勺 [sháo] 药
□ 약 한 봉지	□ 一包 [bāo] 药
□ 약 한 갑 / 약 한 상자	□ 一盒 [hé] 药
□ 약 한 병	□ 一瓶 [píng] 药

제15장 주의사항

    모든 수술은 합병증과 후유증을 조심해야 합니다. 환자가 수술 후 좋은 결과를 얻기 위해서는 수술 전후에 환자가 준수해야 할 사항들을 꼼꼼하게 전달하고 확인해야 합니다.

1. 번역 연습

중 → 한 中翻韩

面部手术术后须知

1、保持术后包扎的稳固，拆除包扎须经医生同意。包扎情况异常应及时来院处理。

2、保持伤口、敷料清洁干燥；术后48小时内行冷敷，3天后行热敷。7天来院拆线，面部除皱术须术后10-14天拆线。

3、术后若手术区域出现严重肿胀、疼痛加剧、伤口有异常分泌物或眼部手术出现视力异常，应及时与我院联系，以便及时处理。

4、术后2周内应忌辛辣食物，不宜吸烟、饮酒。

5、经口腔内切口手术者，术后3-5天内须饭后用漱口水漱口，经睑结膜切口，术后3-5天内须滴抗生素眼液预防感染。

6、术后第二天、1周来院复查。

7、特殊医嘱：

患者签字：　　　　电话：

医生签字：　　　　电话：

医院值班电话：

年　　月　　日

단어

□ 주의 사항 / 안내 사항	□ ⊛ 须知 [xūzhī]
□ (붕대로) 싸매다 / 동여매다	□ 包扎 [bāozā]
□ 제거하다 / 없애다	□ 拆除 [chāichú]
□ 드레싱 / 처치용품	□ 敷料 [fūliào]
□ 얼음찜질 / 냉찜질을 하다	□ 冷敷 [lěngfū]
□ 온찜질을 하다	□ 热敷 [rèfū]
□ 실밥을 제거하다	□ 拆线 [chāixiàn]
□ 격화되다 / 심해지다	□ 加剧 [jiājù]
□ 분비물	□ 分泌物 [fēnmìwù]
□ 삼가다 / 가리다 / 금기하다	□ ⊛ 忌 [jì]
□ 맵다	□ 辛辣 [xīnlà]
□ 적합하지 않다	□ ⊛ 不宜 [bùyí]
□ 입을 헹구다 / 양치를 하다	□ 漱口 [shùkǒu]
□ 구강청정제 / 가글	□ 漱口水 [shùkǒushuǐ]
□ 눈꺼풀 결막	□ 睑结膜 [jiǎnjiémó]
□ (액체를) 한 방울씩 떨어뜨리다	□ 滴 [dī]
□ 붕대	□ 绷带 [bēngdài]

코 수술 후의 주의 사항

1. 수술 후 약 1달 정도는 외래 통원치료를 받으셔야 합니다.
2. 수술 후 코를 너무 세게 풀지 마십시오.
3. 최소 2주간은 사우나는 하지 마십시오. (샤워는 가능)
4. 최소 2주간은 심한 운동은 하지 마십시오. (가벼운 산책 정도는 가능)
5. 최소 4주간은 수영을 하지 않는 것이 좋습니다.
6. 최소 2개월간은 금연, 금주를 하셔야 합니다.

〈수술 후 출혈시 대처 방법〉
1. 수술 후 코에 막아 놓은 솜이 젖으면 솜을 교체하십시오.
2. 코에서 피가 떨어지고 목으로 넘어가면 아래 연락처로 연락하십시오.
3. 기타 문의 사항이나 수술 후 출혈로 응급치료를 받으셔야 하는 경우는 (   )로
   연락 바랍니다.

응급 휴대전화: (   )

환자분들의 빠른 쾌유를 기원합니다.

단어

□ 코를 풀다	□ 擤 [xǐng]
□ 피하다	□ 避免 [bìmiǎn]
□ 사우나	□ 桑拿(浴) [sāngná(yù)]
□ 샤워(하다)	□ 淋浴 [línyù]
□ 격렬하다 / 심하다	□ 剧烈 [jùliè]
□ 느리다 / 천천히 하다	□ 缓慢 [huǎnmàn]
□ 약솜	□ 药棉 [yàomián]
□ 젖게 하다 / 적시다	□ 浸湿 [jìnshī]

2. 텍스트 이해 및 배경지식

1) 保持术后包扎的稳固，拆除包扎须经医生同意。

'须'는 문어체에서 '一定要', '应该'(반드시 ~해야 한다)의 의미로 사용됩니다.

① 手术当天早餐须少量进食。

② 手术当天须术前禁食6小时，禁饮4小时。

③ 服用激素类药物的人须停药后才能进行手术。

2) 术后2周内应忌辛辣食物，不宜吸烟、饮酒。

'忌'는 '因为不适合而避免'(적합하지 않으므로 피하다, 그만두다, 끊다)라는 의미입니다. 우리말 해석은 '삼가다', '자제하다' 등으로 할 수 있습니다.

① 糖尿病人忌甜食。

② 忌烟、酒及辛辣、生冷、油腻食物。

③ 中老年人和儿童要多吃清淡、易消化的食物，忌暴饮暴食。

3) 术后2周内应忌辛辣食物，不宜吸烟、饮酒。

'不宜'는 '不适合', '不应该'(적합하지 않다, ~해서는 안 된다)의 의미입니다.

① 不宜存放在潮湿处。

② 不宜在服药期间同时服用滋补药。

③ 患有心血管疾病或呼吸系统疾病的老年人不宜过度疲劳。

III. 의료관광 서류의 번역: 실전편(2)

원외 문서

원외 문서는 병원과 의료관광 관련 기관의 대외 홍보, 교류, 관광 연계, 교육 등 사업 추진 과정에서 작성되고 사용하는 문서입니다. 다양한 원외 문서 유형 가운데 대표적으로 광고·홍보문, 설명문, 질의응답(Q&A), 계약서, 서신 텍스트에 대해서 실전 번역 연습을 해봅시다.

제16장 광고·홍보문

　광고·홍보문은 고객에게 제품이나 서비스의 우수성을 알리고 이미지 향상을 이끌어 내는 글입니다. 환자에게 신뢰성 있는 병원으로 다가가기 위해 지나친 과장이나 수식어는 피하고 병원의 장점과 특화 분야를 거부감 없이 전달해야 합니다.

1. 번역 연습

○○大学附属○○医院简介

○○医院创建于1907年，是○○大学附属综合性医院，目前已成为国家级高层次的医教研中心之一，在国内外享有较高声誉。

○○医院医疗技术力量雄厚，全院2000余名职工之中，医疗专业技术人员占80%，许多专家教授在国内外享有较高知名度。

○○医院为提高临床诊治水平，除购置一般的诊疗设备外，还引进不少属于国际先进水平的医疗仪器设备，如PET-CT、伽玛刀、磁共振、CT、彩色多普勒超声系统、超声刀、X−刀、震波碎石机、直线加速器等高精尖仪器，使○○医院医疗设备达国内领先，接近国际先进水平。
全院共设39个临床医疗科室，是一个特色学科很多的医院。○○医院有核定床位1216张，因其较高的医疗质量和良好的服务而深受病人欢迎，同时也因有较好的医疗特色吸引了全国各地的病人，全院每年门急诊就诊病人150余万人次，住院病人2万余人次，其中有50%左右是由全国各地转来的各种疑难杂症，尤其是神经内外科和皮肤科比例更高。肾透析中心、重症监护中心(ICU)都具有相当规模和水平。重危病人抢救成功率达90%以上。从1996年起还建立了"卫星远程会诊中心"，可通过卫星为全国各地病人进行远程会诊。

新的世纪，○○人将在"改革、奉献、创业、敬业"精神的指引下，朝着将医院建设成"一流管理、一流技术、一流设备、一流服务"的精品综合医院的目标而努力奋进！

단어

□ 간단한 소개 / 안내	□ 简介 [jiǎnjiè]
□ 창립하다 / 설립하다	□ 创建 [chuàngjiàn]
□ 탄탄하다 / 충분하다 / 뛰어나다	□ 雄厚 [xiónghòu]
□ 인지도 / 지명도	□ 知名度 [zhīmíngdù]
□ 구입하다 / 장만하다 / 사들이다	□ 购置 [gòuzhì]
□ 감마나이프	□ 伽玛刀 [gāmǎdāo]
□ MRI	□ 磁共振 [cígòngzhèn]
□ 컬러 도플러 초음파 시스템	□ 彩色多普勒超声系统 [cǎisèduōpǔlèchāoshēngxìtǒng]
□ 초음파 나이프	□ 超声刀 [chāoshēngdāo]
□ 엑스 나이프	□ X−刀 [X−dāo]
□ 충격파쇄석기	□ 震波碎石机 [zhènbōsuìshíjī]
□ 선형가속기	□ 直线加速器 [zhíxiànjiāsùqì]
□ (기술이나 제품이) 고급 · 정밀 · 첨단인	□ 高精尖 [gāojīngjiān]
□ 연인원	□ 人次 [réncì]
□ 난치병	□ 疑难杂症 [yínánzázhèng]
□ 신장 투석	□ 肾透析 [shèntòuxī]
□ 중환자실(ICU) / 집중치료시설 / 집중감시시설	□ 重症监护中心 [zhòngzhèngjiānhùzhōngxīn]
□ 중환자	□ 重危病人 [zhòngwēibìngrén]
□ 원격	□ 远程 [yuǎnchéng]

1)

○○대학교 ○○병원

　○○대학교 ○○병원은 소화기질환, 척추질환, 관절질환의 내시경 및 비침습적인 치료분야에서 국내 선도적 경쟁력을 갖추고 있으며 세계적인 병원으로 자리매김하기 위한 발걸음을 내딛고 있습니다.

　우리 병원은 세계적인 관광도시 ○○시에 위치하여 환자들이 아름다운 호반의 도시에서 편안하게 치료를 받을 수 있습니다. 노인성질환, 암질환은 물론 심장 및 뇌혈관 질환에 대한 최신 진단장비도 갖추고 있습니다. 또한 본 의료원에 도입된 최신 다빈치로봇수술시스템은 집도의의 미세한 손 떨림을 막아 아주 정밀하고 안전하게 수술이 되고 절개 부위가 작아 회복 속도가 아주 높습니다. 또한 아시아 100위권 대학에 선정된 ○○대학교는 수준 높고 우수한 의료 인력을 양성해 내고 있으며, 대학산하 5개 대학병원을 운영하고 있어, 대한민국 최고의 의료서비스를 경험하실 수 있습니다.

　우리 병원은 세계적으로 우수한 대학병원들과의 협력관계를 유지하며 수준 높은 연구와 진료를 하고 있습니다. 또한 세계적인 재난사태에서 누구보다 앞서 현장에서 사랑의 의술을 펼쳐 세계인으로부터 박수갈채를 받기도 하였습니다. 영어, 일본어 등 외국어를 자체적으로 통역 서비스를 하고 있으며, 각종 관련 상담업무 및 진료 검사, 내원 일정 수립, 공항 픽업, 보험사 연락 등을 지원하고 있고, 본국으로 돌아가서도 인터넷 원격진료를 통하여 지속적인 관리를 받을 수 있는 최첨단 u-health 기술을 보유하고 있습니다. 사랑과 평등의 의료 실천과 더불어 세계 인류의 행복 추구에 이바지하고 있는 병원입니다. 감사합니다.

단어

□ 내시경	□ 内窥镜 [nèikuījìng]
□ 비침습적	□ 无创 [wúchuāng]
□ 손꼽을 정도이다 / 굴지의	□ 屈指可数 [qūzhǐkěshǔ]
□ 이름을 날리다 / 유명하다	□ 闻名 [wénmíng]
□ 호반 / 호숫가	□ 湖畔 [húpàn]
□ 편안하다 / 쾌적하다	□ 舒适 [shūshì]
□ 암	□ 癌症 [áizhèng]
□ 뇌혈관	□ 脑血管 [nǎoxuèguǎn]
□ 다빈치로봇수술시스템	□ 达芬奇手术机器人系统 [Dáfēnqí shǒushù jīqìrén xìtǒng]
□ 부들부들 떨다	□ 颤抖 [chàndǒu]
□ 서열 / 순위	□ 排名 [páimíng]
□ 재난 / 재해	□ 灾害 [zāihài]
□ 급히 가다 / 서둘러 가다	□ 奔赴 [bēnfù]
□ 의술 / 의료기술	□ 医术 [yīshù]
□ 갈채하다	□ 喝彩 [hècǎi]
□ 상담하다	□ 咨询 [zīxún]
□ 픽업하다 / 맞이하고 보내다	□ 接送 [jiēsòng]
□ (환자를) 관리하다 / 간호하다	□ 护理 [hùlǐ]
□ 행복하게 하다	□ 造福 [zàofú]

2)

○○한의원

아름다운 삶, 여성을 위한 여성한의학

  ○○한의원은 '여성의, 여성을 위한, 여성에 의한 여성한의학'을 바탕으로 여성을 위한 한의학 공간으로서 여러분의 아름답고 건강한 삶을 위하여 끊임없이 연구, 노력하고 있습니다.

  본원에서는 한방클리닉과 한방에스테틱, 한방두피관리센터를 함께 개설하여 한방여성클리닉 / 미용침과 매선침요법, 히아루론산 요법을 활용한 한방성형클리닉 / 피부미용클리닉 / 비만클리닉 / 탈모클리닉 / 노화방지클리닉 등 ONE-STOP 치료와 관리 시스템을 운영하고 있습니다.

  최근에는 압구정동에 한방의료관광 전문 한방클리닉 / 한방에스테틱 센터를 오픈하여 우리나라뿐만 아니라 세계인의 '건강한 아름다움'을 위하여 최선을 다하고 있습니다.

감사합니다.

단어

☐ 꾸준히 / 끊임없이	☐ 不懈 [búxiè]
☐ 설치되어 있다 / 개설되어 있다	☐ 设有 [shèyǒu]
☐ 에스테틱	☐ 皮肤管理中心 [pífū guǎnlǐ zhōngxīn]
☐ 두피	☐ 头皮 [tóupí]
☐ 원스톱(one-stop)	☐ 一条龙 [yìtiáolóng]
☐ 미용침	☐ 美容针 [měiróngzhēn]
☐ 매선침	☐ 埋线针 [máixiànzhēn]
☐ 히아루론산(Hyaluronic acid)	☐ 透明质酸 [tòumíngzhìsuān] / 玻尿酸 [bōniàosuān]
☐ 비만	☐ 肥胖 [féipàng]
☐ 탈모	☐ 脱毛 [tuōmáo]

2. 텍스트 이해 및 배경지식

1) 新的世纪，〇〇人将在 "改革、奉献、创业、敬业" 精神的指引下，朝着将医院建设成 "一流管理、一流技术、一流设备、一流服务" 的精品综合医院的目标而努力奋进！

슬로건, 모토, 표어 등의 번역은 의미 자체의 전달도 중요하지만 형식과 리듬감을 살려서 읽기 쉽고, 기억하기 쉽고, 간결 명료하게 번역하는 것이 관건입니다. 어구의 표면적 의미에 얽매이지 말고 효과를 고려하여 창조적으로 번역을 할 필요가 있습니다.

2) 유헬스(u-health) 기술

유헬스(ubiquitous health) 기술이란 의료와 IT를 접목한 것으로 의사가 시·공간적 제약 없이 환자를 진료하는 원격진료 시스템입니다. 이 시스템을 이용하면 병원과 멀리 떨어진 지역에 거주하는 환자도 온라인으로 진료를 받을 수 있습니다. 특히 해외의 환자들도 온라인을 통해 우리나라 병원에서 진료를 받을 수 있게 됨에 따라 의료관광 사업 활성화에 크게 기여할 것으로 기대를 모으고 있습니다.

3) 매선침

매선침은 한방성형에 주로 사용되는 요법으로, 가슴, 코, 주름 성형 등에 이용됩니다. 한약을 칠한 녹는 실을 침에 끼워서 피부에 삽입하면 근육이 수축해 피부와 근육 사이가 단단해지고, 콜라겐이 형성되어 탄력이 생기고 크기가 커지는 원리를 이용하는데, 삽입된 실은 6개월 뒤 체내에 흡수됩니다.

4) 광고·홍보문의 표현

광고·홍보문에서 상품이나 기술을 묘사하는 성어를 알아봅시다.

□ 세계적으로 알려지다	□ 举世闻名 [jǔshìwénmíng] / 闻名于世 [wénmíngyúshì]
□ 손꼽을 정도이다	□ 屈指可数 [qūzhǐkěshǔ]
□ 유일하다	□ 独一无二 [dúyīwúèr]
□ 중국 내외에서 명성을 떨치다	□ 驰名中外 [chímíngzhōngwài]
□ 질이 좋고 값도 저렴하다	□ 物美价廉 [wùměijiàlián]
□ 풍부하고 다채롭다	□ 丰富多彩 [fēngfùduōcǎi]

제17장 설명문

설명문은 어떤 대상에 대한 정보나 사실을 이해하기 쉽게 풀어 쓴 글입니다. 독자들이 정보를 잘 이해하고 받아들일 수 있도록 전문 용어에 대한 설명을 통해 평이하고 객관적이며 체계적으로 기술하는 것이 중요합니다.

1. 번역 연습

我院开展项目

❖ **激光美容项目**

  我院更新激光设备，在提高原有的脱毛、祛斑、治疗色素病变基础上，增加去红血丝、美白、嫩肤、紧肤的功能。

  ◆ 祛斑、痣: 治疗皮肤色素性病变，包括雀斑、黄褐斑、老年斑等

  ◆ 祛纹身、祛纹眉、纹眼线等

  ◆ 除皱紧肤、收缩毛孔、美白、祛痘、治疗毛细血管扩张等

  ◆ 激光永久性脱毛

❖ **形体塑造项目**

  ◆ 吸脂: 可进行面颊部、颈项部、上臂部、腰腹部、臀部、大腿部、小腿部等多个部位的形态塑形

  ◆ 腹壁整形术: 针对生产后女性严重腹壁松垂展开治疗

❖ **快捷美容项目**

  ◆ 自体脂肪移植注射

  ◆ 肉毒素注射除皱、瘦脸

  – 肉毒素疗法是一种非外科手术的治疗方法。经过培训的医学专业人员用非常细小的针头将少量肉毒素注射面部肌肉。通常肉毒素注射大约需10分钟，治疗结束后即可恢复正常活动。

❖ **颌面部整形项目**

  ◆ 下颌角整形: 下颌角肥大，有时并伴有咬肌肥大，使脸呈方形，是一种先天性或后天发育上的缺陷。东方人认为，椭圆脸型更具美感。目前，下颌角截除术已成为整形外科经常施行的一项手术。

단어

☐ 레이저	☐ 激光 [jīguāng]
☐ 프로그램	☐ 项目 [xiàngmù]
☐ 제모 / 탈모	☐ 脱毛 [tuōmáo]
☐ 영구 제모	☐ 永久性脱毛 [yǒngjiǔxìngtuōmáo]
☐ 잡티 제거	☐ 祛斑 [qūbān]
☐ 피부 재생 / 피부 회춘	☐ 嫩肤 [nènfū]
☐ 주름 개선 / 리프팅	☐ 紧肤 [jǐnfū]
☐ 점	☐ 痣 [zhì]
☐ 주근깨	☐ 雀斑 [quèbān]
☐ 기미	☐ 黄褐斑 [huánghèbān]
☐ 검버섯	☐ 老年斑 [lǎoniánbān]
☐ 문신(하다)	☐ 纹身 / 文身 [wénshēn]
☐ 눈썹 문신	☐ 纹眉 [wénméi]
☐ 아이라인 문신	☐ 纹眼线 [wényǎnxiàn]
☐ 주름 제거	☐ 除皱 [chúzhòu]
☐ 모세혈관	☐ 毛细血管 [máoxìxuèguǎn]
☐ 만들다 / 빚어서 만들다	☐ 塑造 [sùzào]
☐ 복벽	☐ 腹壁 [fùbì]
☐ 보톡스 / 보툴리움 독신	☐ 肉毒素 [ròudúsù]
☐ 자가지방	☐ 自体脂肪 [zìtǐzhīfáng]
☐ 얼굴 축소	☐ 瘦脸 [shòuliǎn]
☐ 하악각	☐ 下颌角 [xiàhéjiǎo]
☐ 저작근	☐ 咬肌 [yǎojī]
☐ 타원 / 타원형	☐ 椭圆 [tuǒyuán]
☐ 절제하다	☐ 截除 [jiéchú]

진료과목 소개

◎ 보톡스 주사(Botox)

음식을 씹는 저작근이 과도하게 발달하여 아래턱 부위가 두툼하게 각이 진 경우 보톨리움 독신을 저작근에 주입하여 근육 두께를 위축시켜 주면 아래턱 부위를 갸름하게 만들 수 있습니다. 시술 부위의 근육을 적절히 퇴화시켜 주름을 없애거나 볼륨을 줄이는 효과를 가져오게 됩니다. 미용적으로는 주름, 사각턱의 축소 등에 사용합니다.

◎ 필러 주사

피부의 함몰된 흉터나 주름과 같은 조직 결손 부위를 다양한 물질로 채워서 심미적 증강을 도모하는 진료입니다. 생체 친화적인 필러를 이용하여 안면부의 주름을 개선하고 얼굴윤곽을 원하는 대로 교정할 수 있습니다. 특히 팔자주름(비순구) 개선에 효과가 있으며 턱 및 입술의 확대술에 유용하게 적용할 수 있습니다.

◎ 사각턱 수술

얼굴이 크고 턱선이 각이 져 보이면 인상이 날카로워 보이고 드세 보이기 때문에 수술로 계란형의 갸름한 얼굴선을 만들어 주는 술식입니다.

◎ 광대뼈 수술

여성에게 있어 앞과 옆으로 발달한 광대뼈는 강하고 억센 인상을 줄 뿐 아니라 얼굴이 커 보이게 합니다. 얼굴에서 광대뼈만 유난히 두드러진 경우에 전체적으로 윤곽을 부드럽게 다듬고 얼굴을 작아 보이기 위해서 시행하는 술식입니다.

◎ 주걱턱, 무턱 수술

치아의 교합은 잘 맞고 턱끝만 앞으로 나오거나 뒤로 빠져 있는 등 이상이 있는 경우 턱끝 수술만으로 양호한 결과를 얻는 술식입니다.

단어

□ (음식을) 씹다 / 저작하다	□ 咀嚼 [jǔjué]
□ 저작근	□ 咀嚼肌 [jǔjuéjī]
□ 아래턱 / 하악	□ ⊕ 下颌 [xiàhé]
	⊖ 下巴 [xiàba]
□ 네모 반듯하다	□ 方方正正 [fāngfāngzhèngzhèng]
□ 위축하다	□ 萎缩 [wěisuō]
□ 필러	□ 填充剂 [tiánchōngjì]
□ 채우다 / 메우다	□ 填充 [tiánchōng]
□ 함몰되다 / 움푹 패이다	□ 凹陷 [āoxiàn]
□ 생체 친화성	□ 生物相容性 [shēngwùxiāngróngxìng]
□ 윤곽	□ 轮廓 [lúnkuò]
□ 팔자주름	□ 八字皱纹 [bāzìzhòuwén]
□ 비순구	□ 鼻唇沟 [bíchúngōu]
□ 입술 확대	□ 丰唇 [fēngchún]
□ 턱에 볼륨을 주다	□ 垫下巴 [diànxiàba]
	隆下巴 [lóngxiàba]
□ 사각턱	□ 方下巴 [fāngxiàba]
□ 사납다	□ 凶悍 [xiōnghàn]
□ 드세다 / 고집 세다	□ 倔强 [juéjiàng]
□ 갸름한 얼굴 / 달걀형 얼굴	□ 瓜子脸 [guāzǐliǎn]
□ 광대뼈	□ 颧骨 [quángǔ]
□ 강하고 억세다 / 사납다	□ 强悍 [qiánghàn]
□ 부드럽다 / 온화하다	□ 柔和 [róuhé]
□ 주걱턱	□ 长下巴 [chángxiàba]
	下巴突出 [xiàbatūchū]
□ 무턱	□ 无下巴 [wúxiàba]
□ 교합하다 / 맞물리다	□ 咬合 [yǎohé]

2. 텍스트 이해 및 배경지식

1) 我院更新激光设备，在提高原有的脱毛、祛斑、治疗色素病变基础上，增加
   去红血丝、美白、嫩肤、紧肤的功能。

'去 [qù]'와 '祛 [qū]'는 모두 '제거하다, 없애다'라는 의미로, '去除 [qùchú]', '祛除 [qūchú]'
로도 쓸 수 있습니다.

① 激光去黑头方法是一种全新的美容技术。
② 很多地方祛疤痕，都是要磨皮、激光、手术切除、注射激素，听起来就恐怖，让
人们望而生畏。

2) 下颌角肥大，有时并伴有咬肌肥大，使脸呈方形，……

'呈'은 '어떤 색깔, 상태, 모양, 형태 등을 나타내다, 띠다'라는 뜻으로 '呈……形/状/样/
性/色' 등의 형식으로 쓰입니다.

① "景气指数" 呈 "V" 形。
② 病人不咳嗽，痰液呈泡沫状。
③ 诊断结果呈阳性。
④ 大便颜色呈黑色。

3) 필러

필러는 수술에 대한 부담이 크고 시간을 많이 낼 수 없는 환자가 선택할 수 있는 성형
방법입니다. 필러 주사는 주름살이 있는 부분을 외부 물질로 채워 올려 주름을 치료하는
데, 바르는 연고제나 간단한 무통 주사 마취 후 약 5분에서 10분 정도의 짧은 시간 안에
시술이 이루어집니다. 또한 시술 후 부기나 멍도 거의 없어, 시술 당일 일상생활을 하는
데 문제가 없습니다. 필러의 성분으로는 히알루론산(透明质酸 [tòumíngzhìsuān] / 玻尿酸
[bōniàosuān])과 콜라겐(胶原蛋白 [jiāoyuándànbái])이 있습니다. 히알루론산 성분인 레스틸렌
(瑞蓝 [ruìlán])은 대표적인 필러 제품으로, 인체에 무해하며 가장 많이 사용되고 있습니다.
콧대, 애교 살, 이마, 꺼진 볼, 팔자주름 등 다양한 부위에 적용이 가능합니다.

제18장 질의응답(Q&A)

　질의응답은 환자들의 궁금증이나 의문사항에 대해 의료진이 답변해 주는 것입니다. 환자들이 쉽게 이해할 수 있도록 대중적인 언어와 친절한 문체를 사용하는 것이 바람직합니다.

1. 번역 연습

중 → 한 中翻韩

专家解答口腔疾病

◆ **什么是牙周病?**

　　牙齿靠牙周组织包括牙骨质、牙龈、牙周膜和牙槽骨将其牢固地固定在颌骨上。如果将牙齿比喻为大树,牙周组织就是包埋树根(牙根)的 "土壤";如果将牙齿比喻为大厦,牙周组织就是地基。牙周病是由细菌引起的牙周组织的感染,这种感染会引起炎症,从而造成包埋牙齿的牙槽骨的渐进性吸收,最终导致牙齿的松动。就像包埋大树树根的土壤一旦被掏空,大树就会倒掉,而地基不结实的大厦也会倒塌一样。

◆ **定期洗牙有必要吗?**

　　洁牙俗称洗牙,是口腔医师用洁牙器械,去除牙上的污物。目前洁牙多采用超声波洁牙机洁牙。定期洗牙是预防和治疗牙周疾病最基本、最有效和最重要的步骤,可以说洗牙不单纯是为了使牙齿美观、口腔舒适,更重要的是去除致病因素,保持牙齿的坚固,预防和治疗口腔疾病。

◆ **牙齿漂白有效吗? 跟洗牙有什么不同?**

　　洗牙主要是用超声波去除牙齿周边的牙石等致病物质,是一种治疗需要;而漂白则是将牙齿表面或内在的着色用氧化还原的方法去除,是一种美容需求。

　　漂白的效果因人而异。一般而言,对烟、茶、咖啡等各种着色有较好去除效果,对较重的四环素牙或氟斑牙引起的变色效果较差。重度变色的牙齿,可利用烤瓷冠或瓷贴面恢复美观。

◆ **牙齿间隙大怎么治疗?**

　　正常情况下,对牙间隙大、牙齿缺损较大、特别是有前牙缺失等情况时可以选择烤瓷冠修复。对于牙齿缺损不大、牙间隙较小等情况可以选择贴面修复。贴面增白是在磨去部分牙齿后的牙齿表面粘上一层烤瓷片,遮挡已经变色的牙齿,贴面后立刻美白,而且现在贴面的颜色更多,外观更逼真。

단어

□ 치주 질환 / 풍치	□ 牙周病 [yázhōubìng]
□ 시멘트질 / 백악질	□ 牙骨质 [yágǔzhì]
□ 잇몸 / 치은	□ 牙龈 [yáyín]
□ 치주막 / 치주인대	□ 牙周膜 [yázhōumó]
□ 치조골 / 잇몸뼈	□ 牙槽骨 [yácáogǔ]
□ 턱뼈	□ 颌骨 [hégǔ]
□ 치근	□ 牙根 [yágēn]
□ 기초 / 토대 / 지반	□ 地基 [dìjī]
□ (치아가) 흔들리다	□ 松动 [sōngdòng]
□ 스케일링	□ 洁牙 [jiéyá] / ⑪ 洗牙 [xǐyá]
□ 이물질	□ 污物 [wūwù]
□ 병을 일으키다 / 병을 유발하다	□ 致病 [zhìbìng]
□ 희게 하다 / 미백하다	□ 漂白 [piǎobái] / 美白 [měibái]
□ 착색하다	□ 着色 [zhuósè]
□ 산화환원	□ 氧化还原 [yǎnghuàhuányuán]
□ 사람에 따라 다르다	□ 因人而异 [yīnrénéryì]
□ 테트라사이클린 변색치	□ 四环素牙 [sìhuánsùyá]
□ 치아 불소침착증	□ 氟斑牙 [fúbānyá]
□ 전부도재관	□ 烤瓷冠 [kǎocíguàn]
□ 도재라미네이트	□ 瓷贴面 [cítiēmiàn]
□ 틈 / 사이	□ 间隙 [jiànxì]

치과 관련 일반상식(Q&A)

◎ 치주질환(풍치)이란 무엇이며 왜 생기는 것인가요?

　치태(플라그) 내 세균이 분비한 독소들은 잇몸에 염증(치은염)을 유발합니다. 독소가 잇몸을 자극하여 잇몸을 붉게 만들고, 건드리면 통증을 느끼게 하고, 붓거나 자극에 쉽게 피가 나게 합니다. 염증이 더 진행되면 이 독소들은 치아 주의의 조직까지 영향을 미치게 되어 치주낭이라는 일종의 치아 주의의 도랑을 더욱 깊게 만들게 되어 이 도랑 속에 더 많은 세균막이 생기게 합니다.

　이 정도가 되면 독소들은 치아 주위의 치조골(뼈)을 영구적으로 파괴시키게 되어 치주염(풍치)이 야기됩니다. 그 결과 치아가 흔들리게 되고, 적절한 치료를 받지 않는다면 치아는 빠지게 됩니다. 세균뿐만 아니라 유전, 스트레스, 당뇨, 임신 등과 같은 다른 요인들도 잇몸 건강에 영향을 미칠 수 있습니다.

◎ 스케일링이란?

　치주질환을 일으키는 주범인 플라그와 치석 등을 제거하고, 치아 표면을 매끈하고 깨끗하게 해주는 치료를 스케일링 혹은 치석 제거술이라고 합니다. 칫솔질 후에도 남아 있는 미세한 음식물 찌꺼기들은 세균막을 형성하게 되는데 이를 플라그(치태)라고 하며, 이것이 시간이 지남에 따라 침에 있는 칼슘 성분을 흡수하여 단단한 돌처럼 석회화되면 치석이 되는 것입니다. 일단 치석이 되면 칫솔질만으로는 제거가 어렵게 되므로 이를 제거하기 위해선 치과에서 전문가에 의한 치석 제거술(스케일링)을 받아야 하는데, 최근에서 초음파를 이용한 치석제거기가 많이 사용됩니다.

◎ 전문가 치아미백이란?

　치아를 하얗게 만들어 주는 미백제를 사용하여 치아에 손상을 주지 않고 치아를 희고 밝게 만들거나, 변색되거나 색소가 침착된 치아를 원래의 색으로 회복시켜 주는 술식을 말합니다. 이렇게 함으로써 밝고 하얀 미소를 가지게 해주고 자신감 있는 대인관계를 가질 수 있게 합니다.

〈미백 방법〉

1) 먼저 치아에 붙어 있는 플라그나 이물질을 깨끗이 제거한다.
2) 세척이 끝나면 치아 표면을 건조시킨다.
3) 고농도의 미백제를 치아에 바른 후 30분~1시간가량 누워 있으면 된다.
　(이때 반응을 촉진시키기 위하여 레이저를 이용합니다.)

◎ 치아 미백술 치료는 얼마나 오랫동안 효과가 지속되나요?

　환자에 따라 치료효과의 지속기간은 차이가 있지만 일반적으로 1~3년 정도가 지나면 재치료가 필요하다는 보고가 있습니다. 담배나 커피 등 변색을 유발할 수 있는 물질을 피하면 더 지속적인 효과를 볼 수 있습니다.

◎ 앞니 사이에 공간이 있습니다. 교정 치료 외에는 무슨 치료법이 있나요?

　이 벌어진 틈을 메우고자 내원하시는 분들이 많습니다. 틈을 메우는 방법으로는 제일 간단한 것이 복합레진을 이용하여 치아 모양을 형성하여 수복하여 주는 것입니다. 이 방법은 치아를 거의 삭제하지 않기 때문에 보존적인 치료 방법이지만 과도한 힘이 가해지면 떨어질 수 있는 단점이 있습니다. 도재라미네이트는 치아의 앞면만을 얇게 깎아 내어 거기에 기공실에서 만든 얇은 치아의 껍질을 붙여 주는 방법입니다. 이는 레진수복에 비해서는 좀 더 심미적이고 견고합니다. 전부도재관은 치아 전체를 깎아서 도자기 재료로써 치아를 완전히 씌워 주는 방법입니다. 심미적이고 강도가 큰 장점이 있으나, 치아 삭제량이 많아서 다른 치료법이 없을 경우에 선택될 수 있습니다. 이러한 치료 방법들은 환자 개개인에 따라 적용범위가 달라질 수 있으므로 내원하여 적절한 치료법에 대해 상담하는 것이 좋습니다.

단어

☐ 치태 / 플라그	☐ 牙菌斑 [yájūnbān]
☐ 치은염 / 잇몸 염증	☐ 牙龈炎 [yáyínyán]
☐ 치주낭	☐ 牙周袋 [yázhōudài]
☐ (이가) 빠지다	☐ 脱落 [tuōluò]
☐ 치석	☐ 牙石 [yáshí]
☐ 주범	☐ 罪魁祸首 [zuìkuíhuòshǒu]
☐ 매끈하게 갈다 / 광이 나게 하다	☐ 磨光 [móguāng]
☐ 찌꺼기	☐ 残渣 [cánzhā]
☐ 타액 / 침	☐ 唾液 [tuòyè]
☐ 칼슘	☐ 钙 [gài]
☐ 석회화하다 / 칼슘화하다	☐ 钙化 [gàihuà]
☐ 치아 미백	☐ 牙齿美白 [yáchǐ měibái]
☐ 미백제	☐ 漂白剂 [piǎobáijì]
☐ 이물질	☐ 异物 [yìwù]
☐ 바르다 / 칠하다	☐ 涂抹 [túmǒ]
☐ 이틈	☐ 牙缝 [yáfèng]
☐ 수복하다 / 복원하다	☐ 修复 [xiūfù]
☐ 복합레진	☐ 复合树脂 [fùhéshùzhī]
☐ 보존적 치료	☐ 保守疗法 [bǎoshǒuliáofǎ]
☐ 기공실	☐ 牙医技工室 [yáyījìgōngshì]
☐ 붙이다	☐ 粘贴 [zhāntiē]
☐ 심미적이다 / 보기 좋다	☐ 美观 [měiguān]

2. 텍스트 이해 및 배경지식

1) 如果将牙齿比喻为大树，牙周组织就是包埋树根(牙根)的"土壤"；

'将'은 '把(~을)'와 같은 뜻으로 주로 문어체에서 사용됩니다.

① 请将所填项目如联系人、联系电话等填写清楚。

② 患有高血压和糖尿病的患者在手术之前应将自己的详细情况告知医生。

2) 洗牙主要是用超声波去除牙齿周边的牙石等致病物质，是一种治疗需要；而漂白则是将牙齿表面或内在的着色用氧化还原的方法去除，是一种美容需求。

'则'는 앞의 내용과 대비됨을 나타내며 주로 문어체에서 사용됩니다.

① 韩国整形机构是小而细，分类比较精细，而中国整形机构则是大而全，综合性较强。

② 使用磨砂膏等的物理方法，比较适合毛孔粗大的油性皮肤，不过当皮肤有起痘等状况时，则不宜使用，以免损伤皮肤。

제19장 계약서

계약서란 당사자의 의사표시에 따른 법률행위의 내용을 문서로 나타낸 것입니다. 계약서는 당사자 간의 권리와 의무의 발생 등 법률관계를 규율하고 당사자의 의사표시를 구체적으로 명시하여 어떠한 법률행위를 어떻게 하려고 하는지 등의 내용을 기재하는 것으로, 분쟁 발생시 중요한 증빙자료가 됩니다.

1. 번역 연습

중 → 한 中翻韩

委托培训合同

甲方: 中国○○大学

乙方: 韩国○○医院

    经双方友好协商, 中国○○大学(以下简称"甲方")现委托韩国○○医院(以下简称"乙方")进行(1)、整形美容/经销商营销管理培训, (2)、情感营销方面的培训, 培训时间为20天。双方的权利与义务如下:

    第一条、培训开始前两天甲方必须将本次培训活动的行程、接待地点等事宜通知乙方, 以便活动顺利进行。因甲方未按时通知乙方, 而造成乙方培训时未能到场的损失由甲方负责。甲方已按时通知乙方, 乙方未能按时到场时, 由此造成的损失由乙方承担。

    第二条、培训期间实习生的早餐、晚餐及住宿由甲方负责和安排。乙方提供午餐。

    第三条、甲方应付乙方本次培训费为○○○韩元。

    第四条、本合同自签订之日起生效。

    第五条、未尽事宜, 双方共同协商, 作为本合同的补充。

甲方: 中国○○大学   乙方: 韩国○○医院

法定代表人(签字):   法定代表人(签字):

时间: 时间:

단어

□ 계약 / 계약서	□ 合同 [hétong]
□ 갑	□ 甲方 [jiǎfāng]
□ 을	□ 乙方 [yǐfāng]
□ 중개상 / 에이전시	□ 经销商 [jīngxiāoshāng]
□ 마케팅(하다)	□ 营销 [yíngxiāo]
□ 감성 마케팅	□ 情感营销 [qínggǎnyíngxiāo]
□ 일 / 사안 / 사항	□ 事宜 [shìyí]
□ 현장에 도착하다	□ 到场 [dàochǎng]
□ 효력이 발생하다	□ 生效 [shēngxiào]

한→중 韩翻中

의료관광 발전을 위한 양해각서(MOU)

한국○○대학교와 중국○○연구원은 의료관광 인재양성 사업 수행에 필요한 긴밀한 협력체계를 구축하며, 의료관광 산업발전과 의료관광 인재양성을 통한 상호 발전을 위하여 다음과 같이 협약한다.
1. 한국○○대학교와 중국○○연구원은 다음 분야에서 상호 협력한다.
  가. 의료관광 인재양성 사업
  나. 의료관광산업 직무분석, 자격증 개발
  다. 의료관광 관련 정책개발, 컨설팅, 평가 등
  라. 의료관광 분야 각종 협의체 구성 및 운영
  마. 기타 의료관광사업 모델개발 및 중앙정부와의 협조
2. 협약 내용은 양 기관의 합의에 의하여 변경할 수 있다.
3. 기타 필요한 사항은 상호협의를 거쳐 처리한다.

본 협약의 내용을 성실히 수행하기 위하여 협약서 2부를 작성하고 양 기관 대표자가 날인하여 각각 1부씩 보관한다.

20____년____월____일

한국○○대학교   중국○○연구원
총　장　　　　(직인)　　　　원　장　　　　(직인)

단어

□ 양해각서(MOU)	□ 谅解备忘录 [liàngjiěbèiwànglù]
□ 협약(하다) / 협약서	□ 协议 [xiéyì]
□ 직무분석	□ 工作分析 [gōngzuòfēnxī]
□ 컨설팅하다 / 자문하다	□ 咨询 [zīxún]
□ 협의하다 / 교섭하다	□ 磋商 [cuōshāng]
□ 구성하다 / 조직하다	□ 组织 [zǔzhī]
□ 수정하다 / 변경하다	□ 修改 [xiūgǎi]
□ 조항 / 조목	□ 条款 [tiáokuǎn]
□ 성실하다	□ 切实 [qièshí]
□ 수행하다 / 이행하다	□ 履行 [lǚxíng]
□ 직인	□ 公章 [gōngzhāng]

2. 텍스트 이해 및 배경지식

1) 因甲方未按时通知乙方，而造成乙方培训时未能到场的损失由甲方负责。

'因……而……'은 '～때문에 (그래서) ～하다'라는 뜻으로 인과관계를 나타내며 문어체에서 사용됩니다.

① 如果医生缺乏经验，手术会因注射麻药不当而导致疼痛。

② 皮肤既因皮脂分泌过度而长粉刺，又因缺水而易生细小皱纹。

2) 因甲方未按时通知乙方，而造成乙方培训时未能到场的损失由甲方负责。

'由(～가)'는 동작의 주체 앞에 쓰여 일을 하는 주체를 강조합니다. 책임 소재를 나타내는 법률 문서에 많이 사용됩니다.

① 这个问题应该由他们解决。

② 损失应该由对方赔偿。

③ 这件事到底应该由谁负责？

3) 培训开始前两天甲方必须将本次培训活动的行程、接待地点等事宜通知乙方，以便活动顺利进行。

'事宜'는 처리하거나 계획해야 할 일을 뜻하며 주로 공문, 법령, 서신 등에 많이 쓰입니다. 우리말로는 '일, 업무, 건, 사안, 사항' 등으로 다양하게 번역됩니다.

① 相关事宜，请咨询展览会工作组。

② 有关事宜，待贵方答复后再行商议。

③ 未尽事宜另行通知。

④ 其他未尽事宜，由双方协商解决。

⑤ 未尽事宜，请联系本公司会议接待处。

4) 양해각서(MOU)

양해각서(MOU, memorandum of understanding)는 본 계약 체결 이전에 사업의 이해당사
자들이 교섭 중간 결과를 바탕으로 서로 양해된 사항을 확인, 기록하는 것입니다. 본 계약
은 양해각서(MOU)에 명시된 내용과 달라질 수도 있습니다. 따라서 양해각서는 법적 강제
성이 없지만 합리적인 근거 없이 어기면 도덕적 비난이 따르게 됩니다. 그러나 양해각서가
국가 간에 체결될 경우 조약과 같은 효력을 갖습니다.

제20장 서신

서신, 즉 편지는 특정한 용무로 특정한 대상에게 보내는 글로, 용무의 내용과 수신인에 따라 적절한 예법을 고려하여 작성해야 합니다. 따라서 서신은 일반문서에 비해 형식이 중요하고 문어체의 격식에 맞추어 쓰는 경향이 강합니다. 최근에는 전자우편을 이용하게 되면서 서신의 형식이 이전에 비해 자유로워졌지만 전자우편도 서신의 한 종류인 만큼 원활한 대외 교류를 위해 그 형식을 숙지하고 준수할 필요가 있습니다.

1. 번역 연습

韩国○○医院:

　　新年好！

　　去年十二月，应韩国○○协会邀请，中国○○学会一行20人访问韩国。在访问期间，该团60岁团员△△△女士因慢性哮喘发作引起短暂昏迷及呼吸停止，生命危在旦夕。危急时刻，患者被迅速送往贵院接受抢救。贵院急诊科值班大夫及护士全力以赴，对患者实施第一时间的紧急治疗。经过全力抢救，患者病情终于在第二天早晨趋于稳定。在病情持续稳定后，该患者回到中国进行进一步的治疗。

　　在抢救过程中，贵院各位医护人员体现了崇高的人道主义精神和高超的医疗技术。正因为贵院及时的救治，△△△女士得以转危为安，中国○○学会的访韩得以画上圆满的句号。在此谨向贵院表示由衷的感谢！

　　此致

敬礼

中国○○学会

2000年0月0日

단어

☐ 초청하다 / 초대하다	☐ 邀请 [yāoqǐng]
☐ 의식을 잃다 / 혼수상태에 빠지다	☐ 昏迷 [hūnmí]
☐ 매우 위급하다 / 위태하다	☐ 危在旦夕 [wēizàidànxī]
☐ 최선을 다하다	☐ 全力以赴 [quánlìyǐfù]
☐ 가장 긴요한 때 / 직후	☐ 第一时间 [dìyīshíjiān]
☐ 위험한 고비를 넘기다	☐ 转危为安 [zhuǎnwēiwéiān]
☐ 마침표를 찍다 / 마치다	☐ 画句号 [huàjùhào]
☐ 이에 ～님께 보냅니다	☐ 此致 [cǐzhì]
☐ 삼가 아뢰다	☐ 敬礼 [jìnglǐ]

중국 ○○회사 △△△사장 귀하

안녕하십니까?

한국 강원도○○센터장 △△△입니다.

먼저, 바쁘신 중에도 지난 X월 XX일 ○○호텔에서 개최된 의료관광 설명회에 참석해 주신 데 대해 감사드립니다.

강원도 의료관광에 대한 충분히 설명도 드리고, 많은 대화도 나누었어야 하는데 시간관계상 그리하지 못해 아쉬움이 남습니다.

그렇지만, 이번 중국 방문은 저에게는 아주 소중하고 귀한 시간들이었습니다. 강원도에 대해 많은 관심을 갖고 계신 분들을 만날 수 있었기 때문입니다. 그리고 나날이 발전해 가는 활기찬 중국의 모습을 볼 수 있었기 때문입니다. 모쪼록 이러한 인연들이 계속 이어졌으면 하는 바람입니다.

강원도는 대한민국에서 가장 경치가 좋고, 살기 좋은 곳입니다. 많은 중국 국민들이 강원도를 방문하여 강원도의 정취를 느끼면서, 건강도 챙기는 유익한 시간을 가졌으면 합니다. 그리고 이러한 일들에 귀사에서 적극적으로 나서 주셨으면 합니다.

궁금하신 사안이나 상호 협력을 위해 논의가 필요하실 경우, 저희 센터나 금번 설명회에 같이 동행을 하였던 의료기관이나 에이전시사에 연락을 주시기 바랍니다.

다시 한 번 설명회에 참석해 주신 데 대해 감사드리고, 귀사의 무궁한 발전과 번영을 기원하면서 이만 줄이겠습니다.

20○○년 ○월 ○일

한국 강원도○○센터장 드림

단어

□ 센터장	□ 中心主任 [zhōngxīnzhǔrèn]
□ 매우 바쁘다	□ 百忙 [bǎimáng]
□ 소중하다	□ 宝贵 [bǎoguì]
□ 직접 보다 / 목도하다	□ 目睹 [mùdǔ]
□ 귀사	□ 贵公司 [guìgōngsī]
□ 사업이 번창하다	□ 生意兴隆 [shēngyìxīnglóng]
□ 부자 되세요	□ 财源广进 [cáiyuánguǎngjìn]

2. 텍스트 이해 및 배경지식

1) 중문 서신의 형식

중국의 서신 형식은 우리나라와 조금 차이가 있습니다. 어떤 차이가 있는지 알아봅시다.

❖ 중문 서신의 구성

> 호칭(称呼) → 서두, 인사말(开头, 问候语) → 본문(正文) → 맺음말(结尾) → 서명(署名) → 날짜(日期) → [추신(附言)]

(1) 호칭(称呼)

- 호칭은 첫 줄에 들여쓰기를 하지 않고(顶格) 쓴다.
  - → 수신인에 대한 존경을 나타냄
- 호칭 뒤에 콜론(:)을 찍는다.
  - → 아래에 내용이 이어짐을 나타냄
    - (예) 尊敬的○○○总经理: / 敬爱的○○○老师: / ○○○先生:
  - → 성만 쓰고 이름은 쓰지 않아도 됨

(2) 서두, 인사말(开头, 问候语)

- 줄을 바꾸어 두 글자 들여쓰기를 하고 쓴다.
- 안부, 그리움, 고마움, 사죄 등을 표시한다.
  - (예) 您好! / 您近来身体好吗?

(3) 본문(正文)

- 각 단락의 처음은 두 칸을 비우고 쓴다.

(4) 맺음말(结尾)

- 수신인에게 경의를 표하기 위해 기원, 경의, 격려 등의 말을 쓴다.
  (예) 此致敬礼 / 祝身体健康 / 祝你进步
  → 此致(편지를 여기까지 씀을 나타냄)과 祝는 본문에 이어 쓸 수 있는데, 이때 두 칸을
    띄어 쓴다. 또는 줄을 바꾸어 두 칸 혹은 몇 칸 들여 쓴다.
  → 敬礼는 줄을 바꿔 들여쓰기를 하지 않고 쓴다. (수신인에 대해 예의를 표시)
  → 모두 구두점은 찍지 않는다.

(5) 서명(署名)

- 맺음말에서 한 줄 띄고 오른쪽 하단에 쓴다.

(6) 날짜(日期)

- 연, 월, 일순으로 **서명 아래**에 쓴다. (한국어 서신의 형식과 다름에 주의)

(7) 추신(附言)

- 날짜 아래 한 줄이나 두 줄의 간격을 두고, 들여쓰기를 하지 않고 附: 또는 又及: 라고 쓴다.

2) 在此謹向贵院表示由衷的感谢!

'謹'은 동사 앞에 쓰여 상대방에 대한 존경과 공경을 나타냅니다.

① 我谨代表我公司的全体职员向您表示欢迎。
② 谨邀请您于2011年5月15日来我院。

3) 서신 상용 표현

서신에서 유용하게 쓰이는 표현을 알아봅시다.

❖ 첨부한 문서가 있을 경우

① 신분증 사본 1부를 첨부합니다.

随信附上身份证复印件一份。

② 편지와 함께 카탈로그 1부를 보냅니다.

随函附寄产品目录一份。

❖ 회신 요청

① 답장 바랍니다.

希望得到您的回复。

② 빠른 회신 부탁드립니다.

希望早日听到您的回音。

盼望早日得到答复。

IV. 참고 번역문

제21장 원내 문서

1. 진료신청서

중 → 한 中翻韩

1)

진료신청서		
성명:	성별:	연령:
진료과:	□의료보험	□자비
주의사항: ① 의료보험 환자는 카드를 소지하고 접수하세요. ② 의료보험 환자의 카드 결제 환불은 7일 이내에 가능하며 기한 초과시 환불을 할 수 없습니다.		

2)

초진환자 진료카드 입력표		
이름:	성별:	연령:　　　　세

생년월일: _____년_____월_____일

연락처:

주소:

_____과(오전/오후) _____ (선택진료/일반진료) 접수 (✓표시해 주세요)

의료보험카드번호:

신분증 번호:
(공비, 의료보험, ○○시 경로자, 장애군인 증명서 소지자 필수 기입)

14세 이하 환자 보호자 성명:

설명:
① 본 서식을 기입하여 신분증을 함께 제출하고 진료카드를 발급한 뒤 접수하세요.
② 접수 후 본 서식의 내용을 진료기록수첩에 그대로 기입하고, 환자의 실제 정보와 일치하는지 꼼꼼히 확인하세요.
③ 초진환자는 외래진료기록수첩에 명시된 진료안내를 잘 읽어보세요.
④ 재진시 외래진료기록수첩과 진료카드를 소지하세요.
⑤ 진료카드를 이용해 '진료카드 접수 전용창구'에서 빠르게 접수할 수 있습니다.

한 → 중 韩翻中

1)

就诊申请表						
从何处得知 ○○医院	□网上 　　　　　□朋友介绍　　　　□电视及报纸 □公交车及户外广告　　　　　　□其他					
姓　　名				性　　别		
身份证号				联系电话		
地　　址						
就诊科室 (在相应科室 打○号)	内　科	儿　科	骨　科	神经外科	普通外科	其　他
	(症状)					

2)

专家门诊申请表			
姓　　名		身份证号	
联系电话	(家庭)	(手机)	

■ 专家门诊项目

1. 就诊、治疗、手术、医学护理(包括韩医)
2. 检查(包括韩医)
3. 影像诊断
4. 放射治疗
5. 麻醉
6. 精神疗法
7. 针灸及拔罐

就诊科室	专家门诊医师名	申请人签名
		(印)

根据医疗法第37条2第1款及有关专家门诊的规则第2条规定，本人申请上述专家门诊。

20 　年　　月　　日

申请人：　　　　　(印)
与患者关系：　　　(印)

2. 문진표

중→한 中翻韩

1)

내과 문진표

◆ 네모 칸 안에 ✓표시해 주세요.

성명:	성별: □남　　　□여	연령:

주소:

전화:

◆ 어떤 증상이 있습니까?

□열이 난다	□목이 아프다	□머리가 아프다	□가슴이 아프다
□배가 아프다	□위가 아프다	□가슴 두근거림	□숨이 가쁘다
□기침	□목이 마르다	□어지러움	□부종
□저리다	□발진	□가슴이 답답함	□복부팽만감
□메스꺼움	□구토	□설사	□혈변
□식욕부진	□고혈압	□쉽게 피로함	□체중감소
□무기력함	□기타 (　　　　　　　)		

◆ 언제 시작되었습니까?
_____년_____월_____일에 시작되었음

◆ 약물이나 음식 알레르기 이력이 있습니까?
□없음
□있음 (□약물　　　　　□음식)

◆ 현재 복용 중인 약이 있습니까?
□아니오
□예 (　　　　약)

◆ 수술치료를 받은 적이 있습니까?
□아니오
□예

2)

수술 전 문진기록		
성명:	성별:	연령:
직업:	학력:	연락처:
자택주소:		
결혼: □기혼　　　□미혼		
신장:　　　　　　cm	체중:　　　　　　kg	혈압:　　　　　　mmHg

○○병원을 알게 된 동기: □인터넷　　　□방송　　　□신문　　　□잡지 　　　　　　　　　　　　□전화번호부　□친구 소개　□기타(　　　　)				
내원 소요시간:				
초진일자:　　　년　　　월　　　일				
진료목적: □눈　　　　□코　　　　□입술　　　□귀　　　　□턱 　　　　　□얼굴윤곽　□성기　　　□흉터　　　□지방흡입　□지방주입 　　　　　□가슴　　　□주름　　　□기타(　　　)				
원하는 수술:				
예약시간:				
성형수술경험: □경험 있음(부위:　　병원:　　수술일자:　　) 　　　　　　　□경험 없음				
과거병력: □심장병　　　□간질환　　　□신장질환　□폐질환　　□갑상선질환 　　　　　□고혈압　　　□결핵　　　□출혈성질환　□기타(　　　)				
현재 복용중인 약: □혈압강하제　　□피임약　　　　□아스피린　　□신경안정제 　　　　　　　　　□피질호르몬　　□기타(　)				
외상, 수술, 마취경험:　□있음　　　□없음				
약물 알레르기: □있음(약물명:　　　　) 　　　　　　　□없음				
임신경험:　　　□있음　　　□없음				
현재 생리여부: □예　　　　□아니오(최근 마지막 생리일:　　　)				
출산경험: 임신(　　) 출산(　　　)				
건강상태:　　　식욕: □좋음　　　□나쁨 　　　　　　　수면: □좋음　　　□나쁨 　　　흡연, 음주: □한다　　　□하지 않는다 　　　　　　　기타:				

1)

外科问诊表					
				日期:	
姓名:		性别:		年龄:	
◎ 拟施检查: □MRI　　　　□CT　　　　□放射线检查　　□肌电图 　　　　　　□骨质疏松症　□神经电图　　□痛风　　　　□乳腺癌 　　　　　　□超声波　　　□肛门检查　　□其他(　　　　　　)					
1. 请在您感到不舒服的部位和症状打钩。					
部位:	□头部　　　□脸部　　　□颈部　　　□肩膀　　　□背部　　　□上臂 □前臂　　　□肘部　　　□手腕　　　□手背　　　□手指　　　□胸部 □腰部　　　□臀部　　　□髋关节　　□大腿部　　□膝盖　　　□乳房 □小腿　　　□脚腕　　　□脚背　　　□脚掌　　　□脚趾				
症状:	□发僵　　　□发麻　　　□酸痛　　　□发抖　　　□头晕 □头痛　　　□迟钝　　　□麻木　　　□皮疹 □荨麻疹　　□恶心　　　□发痒　　　□肛门出血 □疝气　　　□发炎　　　□扭伤　　　□擦伤　　　□肿块 □裂伤　　　□浮肿　　　□脚气　　　□腹痛　　　□烧伤				
方向:	□左侧　　　□右侧　　　□两侧				
2. 从什么时候开始不舒服？					
□1周　　　　□2周　　　　□3周　　　　□1个月　　　□3个月　　　□其他(　　　　　)					
3. 因为别的疾病，接受过手术吗？					
□是(　　　　　年, 手术名称:　　　　　　　　)　　　　□否					
4. 有无正在治疗的疾病？					
□高血压　　　□糖尿病　　　□肝病　　　□肺结核　　　□痔疮 □椎间盘　　　□脑中风　　　□关节病　　□其他(　　　　　　)					
5. 怎么出现这些症状的？					
□扛重担时　　□摔伤　　　□受伤　　　□运动 □交通事故　　□工作时　　□不明原因痛 □其他(　　　　　　　　)					
6. 您吸烟吗？					
□是(　　　/天)　　　　　　　　□否					
7. 您喝酒吗？					
□是: 一周(　　)次　量(　　　)　　　□否					

2)

内科问诊表			
			日期:
姓名:		性别:	年龄:

呼吸系统	□咳嗽　　　□咳痰(白色□，黄色□，带血□)□气喘 □咳血　　　□喉咙痛　　　□头痛　　　□肌肉痛　　　□发冷及发热 □偏头痛　　□流鼻涕(黄色□，清色□)　　□鼻塞 □打喷嚏　　□冒冷汗
循环系统	□头痛　　　□头晕　　　□心悸　　　□心律不齐 □胸痛(清晨□，活动时□，静止不动时□) □手脚发麻　□不安　　　□胸闷
消化系统	□嗳气　　　□消化不良　□肚子胀得慌　□恶心　　　□呕吐 □肚子胀气　□空腹时烧心　□腹泻　　　□血便　　　□吐血 □黑便　　　□便秘　　　□肚子胀　　□食道部疼痛
肝　脏	□疲倦　　　□肚子胀　　□腹水　　　□上腹部不适 □黄疸　　　□食欲不振　□无力
肾　脏	□尿频　　　□泡沫　　　□血尿　　　□浮肿　　　□尿失禁 □排尿时有烧灼感　　　□肋下疼痛
关节痛	□腿发麻　　□膝盖　　　□腰背
皮　肤	□荨麻疹　　□皮疹　　　□瘙痒　　　□过敏
内分泌	□多尿　　　□多食　　　□多渴　　　□体重减少

▶ 正在治疗的疾病

□糖尿病　　　□高血压　　　□甲状腺病　　　□肝病　　　□结核
□心脏病　　　□肠胃病　　　□关节病　　　□肾病

▶ 过去看过的医院

3. 입원기록지

중→한 中翻韩

_____과 입원기록지				
성 명:		성 별:		나 이:
직 업:		결 혼:		입원일자:
주 소:				
주 호 소:				

현 병 력	발병 상황:				
	발병 원인:				
	주요증상	부위:		성질:	정도:
		지속시간:		악화 · 완화요인:	
	증상 진행 및 변화:				
	수반되는 증상:				
	합병증:				
	식사, 수면:				
	대소변:				

과 거 력	평소 건강 상황: 좋음 보통 나쁨
	약물 및 기타 알레르기력: 없음 있음
	외상력:
	수술력:

계 통 적 문 진	머리, 눈, 귀, 코, 인후:			
	□ 시력장애	□ 청력감퇴	□ 이명	□ 현기증
	□ 비출혈	□ 치통	□ 잇몸 출혈	□ 인후통
	□ 목이 쉼			
	호흡기계:			
	□ 만성기침	□ 객담	□ 객혈	
	□ 천식	□ 호흡곤란	□ 흉통	
	순환기계:			
	□ 두근거림	□ 운동 후 숨이 가쁨	□ 객혈	
	□ 하지부종	□ 혈압상승	□ 실신	
	소화기계:			
	□ 식욕부진	□ 연하곤란	□ 오심	□ 구토
	□ 더부룩함	□ 복통	□ 변비	□ 설사
	□ 토혈	□ 혈변	□ 황달	

	비뇨기계:			
	☐요통	☐빈뇨	☐배뇨곤란	☐혈뇨
	☐소변양 이상	☐야간뇨 증가	☐얼굴 부음	
	☐요도 또는 질 이상 분비물			

	혈액계:		
	☐안색이 창백함	☐힘이 없음	☐머리가 어지럽고 눈이 침침함
	☐피부점막 출혈	☐림프선 부종	

	내분비계 및 대사:			
	☐식욕증진	☐식욕부진	☐다한	
	☐한랭 못 견딤	☐다음	☐다뇨	☐손 떨림
	☐성격 변화	☐현저히 살찜	☐현저히 수척해짐	
	☐탈모	☐색소침착	☐성기능 변화	☐폐경

	운동계:		
	☐관절통	☐관절 변형	☐근육통
	☐근육수축	☐운동장애	

	신경계:			
	☐두통	☐현기증	☐실신	☐기억력저하
	☐언어장애	☐의식장애	☐떨림	☐근육경련
	☐반신불수	☐감각이상		

	정신계:			
	☐착각	☐환각	☐사고장애	☐주의력 장애
	☐방향감각장애	☐기분장애	☐수면장애	

개인력	출생지:
	직업 및 업무환경:
	습관 및 기호:

결혼력	결혼 상황:
	배우자 상황:

월경력	초경_____세 매번_____일 지속됨 최근 마지막 생리일_____
	폐경 연령_____세 생리량: 적음 보통 많음
	생리통: 없음 있음 생리기간: 규칙적 불규칙적

출산력	임신_____회
	순산_____회 유산_____회
	조산_____회 사산_____회

가족력	부: 건재 병환 사망(사망 원인:)
	모: 건재 병환 사망(사망 원인:)
	형제자매:
	자녀 및 기타:

住院病历			
	入院日期:	年 月	日
患者姓名:	性别:		年龄:
地址:			
体温	脉搏	呼吸	血压
诊断名称			
主诉			
现病史			
既往史	药物副作用 □无 □有_____ 过　　敏 □无 □有_____ 肺　结　核 □无 □有_____ 糖　尿　病 □无 □有_____ 高·血　压 □无 □有_____ 肝　　炎 □无 □有_____ 肿　　瘤 □无 □有_____ 其他疾病史 _____		
家族史	遗传性疾病 □无 □有_____ 感染性疾病 □无 □有_____ 肿　　瘤 □无 □有_____ 糖　尿　病 □无 □有_____ 高　血　压 □无 □有_____ 其　　他 _____		
食欲	消化	睡眠	大小便
日期	病程记录		签名

4. 입원동의서

중 → 한 中翻韓

입원동의서		
환자 성명:	성별:	연령:

환자의 권리와 의무

가. 환자의 권리는 다음과 같습니다.
1. 환자는 질병의 진단, 경과, 의사가 제시한 치료방법, 비용, 관련 위험, 치료효과 및 예후를 알 권리가 있습니다.
2. 환자는 의사가 제시한 치료방법에 대한 선택권과 결정권이 있습니다.
3. 환자는 민사행위능력을 가진 이를 대리인으로 서면 위임하여 관련 사항에 대한 동의권과 진료선택권을 행사하도록 할 수 있습니다.
4. 환자는 법이 규정한 범위 내의 진료기록자료에 대한 복사를 요청할 수 있습니다.
5. ○○병원은 환자의 프라이버시를 존중하며 환자는 의사에게 환자의 병세에 대한 비밀보장을 요청할 수 있습니다.
6. 의료분쟁 발생시 환자는 의사-환자 소통사무실에 알려 협의하여 해결하거나 보건행정부처에 중재를 신청하거나 인민법원에 소송을 제기할 수 있습니다.

나. 환자는 치료과정에서 다음의 의무를 이행해 주시기 바랍니다.
1. 반드시 정확한 개인정보(성명, 성별, 연령, 신분증번호, 주소, 연락처 등)를 제공하기 바랍니다.
2. 의료진에게 현재 질병의 기본 상황, 과거력, 치료 경과, 약물력, 알레르기력 및 기타 관련 세부사항 등 환자의 건강과 관련된 모든 상황을 사실대로 상세히 제공하기 바랍니다.
3. 병원의 제반 규칙을 준수하고 의사 및 간호사의 지시에 순응해 주시기 바랍니다.
4. 입원기간 동안 환자복과 식별용 손목밴드를 착용하고, 무단으로 병원을 이탈하거나 외박하는 행동을 삼가시기 바랍니다. 무단이탈로 인한 모든 불의의 사고에 대해서 병원 측은 책임을 지지 않습니다.
5. 의료진의 회진, 치료 시간에 병실을 이탈하지 마시기 바랍니다.
6. 환자는 특수검사, 특수치료, 수술이 필요할 경우 의사의 충분한 설명을 들었다는 전제하에 동의서에 서명을 해야 합니다. 자발적으로 서명한 문서는 바로 상응하는 법적 효력을 지니며 환자의 합법적인 권익을 행사하는 데 중요한 의미를 갖습니다.
7. 입원 기간 동안 의사는 환자의 상태에 따라 적절히 식단을 처방할 것입니다. 의사의 지시에 따라 식사를 하시기 바랍니다.
8. 의사의 지시에 따라 치료에 적극적으로 협조하고 제때에 퇴원하시기 바랍니다. 퇴원 후 의사의 재활지도에 따라 활동하고 휴식하십시오.
9. 체납으로 인해 진료가 지연되지 않도록 의약비를 기한 내에 납부하여 주시기 바랍니다.
10. 담당의사의 동의 없이 무단으로 원외에서 치료를 받을 수 없습니다. 환자가 개인적으로 가져온 약은 의사의 동의를 얻어야만 사용할 수 있으며 이를 따르지 않아 발생한 결과에 대해서는 스스로 책임을 져야 합니다.

11. 안전을 위해 병실 내 흡연이나 음주를 엄격히 금지합니다.
12. 병원은 공공장소입니다. 노트북컴퓨터, 현금, 신분증 등 귀중품은 분실되지 않도록 잘 보관하시기
    바랍니다. 규정을 위반하여 발생한 재산상의 손실에 대해서 병원 측은 배상책임을 지지 않습니다.
13. 간병을 하는 환자의 가족은 국가의 법령과 병원의 관련 규칙을 엄격히 준수하시길 바라며 병원
    내에서 위법 행위를 해서는 안 됩니다.

본인은 입원동의서의 모든 내용을 이해하고 동의합니다.
환자성명_____
서명일자_____년_____월_____일

환자가 본 동의서에 서명할 수 없을 경우 위임받은 대리인이 서명하십시오.
환자 대리인_____환자와의 관계_____
서명일자_____년_____월_____일

한 → 중 韩翻中

<table>
<tr><td colspan="3" align="center">入院同意书</td></tr>
<tr><td>姓名:</td><td>性别:</td><td>年龄:</td></tr>
</table>

1. 患者同意住进○○医院。
2. ○○医院有责任给患者提供食宿和医疗服务。
3. 为了治疗，患者同意在所有方面尽最大努力积极配合医护人员。
4. 患者同意遵守○○医院的所有规章制度，并尊重其他患者和医护人员的权利。
5. 患者同意在住院期间对自己造成的医院设备损坏承担责任。
6. 患者入住单人病房时，○○医院给使用移动床或沙发的家属(陪护)免费提供住宿，家属(陪护)的饮食要另外申请。如果家属(陪护)使用一般床位，需要缴纳相应的病房住院费。
7. 患者知晓按规定，医疗保险只适用于医疗上需要的治疗，至于不在保险范围或部分适用于保险范围的治疗或住院费用，都应由患者自付。
8. 如果患者不参加医疗保险或接受不在医疗保险范围的治疗，入院时应缴纳两百万韩元的预交金。
9. 产生欠费时，应缴纳欠费余额的利息，每天向○○医院缴纳0.5%的金额。
10. 对于没有保管在保险柜或○○医院银行账户而丢失的所有贵重物品或钱财，我院不承担赔偿责任。
11. 患者离开医院时，不管是什么理由，医院都对患者安全不承担责任。患者在没有提前告知值班负责人的情况下，不得擅自到院外去。
12. 除了因医疗过失或医护人员失职导致的病情恶化意外，患者承诺对○○医院治疗中或治疗后的病情恶化，不会提出异议或法律诉讼。
13. 如果发生法律纠纷，院方和患者会先通过协商解决。纠纷不能得到解决时，双方根据大韩民国医疗法第70条，遵从医疗审判调解委员会的调解。

在此签名的本人已经知晓同意书的全部内容，同意上述的所有条款。

签名日期：　　　年　　　月　　　日

患者/监护人签名：

5. 수술(검사, 마취, 수혈)동의서

중→한 中翻韩

1)

수술동의서		
환자성명:	성별:	연령:
현재진단:		
수 술 명:		

　　수술 중이나 수술 후에 발생할 수 있는 합병증과 수술위험을 환자나 대리인에게 아래와 같이 설명합니다.

　　환자는＿＿＿＿＿＿병으로 인해 수술 치료가 필요합니다. 본 의사는 현재 환자의 상태에서 시행 가능한 모든 치료방법을 고지하고 장단점을 설명했습니다. 환자에 대한 충분한 설명을 통해 의사와 환자가 의견의 일치를 보았으며 상기 치료방법을 선택했습니다. 병 상태 및 개인적인 차이 그리고 현재 의학·과학기술의 여건으로 인해 본 수술은 예측할 수 없거나 대비할 수 없는 결과가 발생할 수 있습니다. 본 의사는 환자(환자의 보호자, 대리인)에게 관련 사실을 충분히 설명했습니다. 상기 상황이 일단 발생할 경우 병세를 악화시키거나 생명에 지장을 줄 수 있습니다. 이에 대해 의료진은 의료 원칙에 의거해 최선을 다해 조치를 취할 것이나 그럼에도 좋지 않은 결과가 발생할 가능성이 있습니다. 아래에 수술 동의 여부를 밝히고 서명하시기 바랍니다.

의사서명: ＿＿＿＿＿＿＿＿＿＿

일　자:　　년　월　일

　　본 환자는(또는 위임을 받은 대리인)＿＿＿＿＿병으로 인해 치료가 필요합니다. 의사로부터 각종 치료방법의 장단점에 대한 설명을 듣고 수술치료를 받아들이기로/거절하기로 결정하였으며 일어날 수 있는 위험상황과 결과를 모두 책임질 것을 서약합니다.

환자(또는 대리인)서명:

환자와의 관계:

일자:　　　년　월　일

제21장 원내 문서　183

2)

성형외과 수술동의서		
환자성명:	성별:	나이:

치료계획 및 소개:
본인은_____마취로 _____수술을 할 필요가 있다는 설명을 의사로부터 충분히 들었습니다.

수술소개:

수술의 잠재적 위험 및 대책:
본인은 수술의 잠재적 위험에 대한 설명을 의사로부터 들었습니다. 일부 특수한 위험사항은 본 동의서에 언급되지 않았을 수 있으며 구체적인 수술방법은 환자 개인의 상황에 따라 다를 수 있다는 것을 이해합니다. 수술의 구체적인 내용과 특수한 문제에 대해서 주치의와 상의할 수 있다는 사실을 의사로부터 들었습니다.

1. 수술 관련 상황
1) 본인은 개인적 심미관의 차이와 현재 의료기술의 한계로 인해 수술효과가 반드시 환자의 기대를 만족할 수 없다는 사실을 이해합니다.
2) 본인은 의사의 지시를 엄격히 따르며 이상반응 발생시 즉각적인 처치를 위해 바로 내원해야 한다는 사실을 이해합니다.
3) 본인은 수술 후 수술부위의 붓기는 일정한 회복기가 필요하며 개인의 연령, 체질, 수술부위, 수술유형에 따라 회복시간이 다를 수 있다는 사실을 이해합니다.
4) 본인은 정신이상병력, 흉터증식, 출혈경향, 약물알레르기 등 수술에 부적합한 상황이 있을 시, 수술 전 의사에게 사실대로 고지해야 한다는 사실을 이해합니다.
5) 본인은 인체의 양쪽이 완전히 동일하지 않으며 이로 인해 수술 역시 양쪽이 완전히 대칭이 되거나 일치할 수 없다는 사실을 이해합니다.

2. 본인은 수술이 일종의 침습적 치료 수단으로서 일정한 위험이 따르며, 본 수술로 인해 발생할 수 있는 우발적 사고 및 합병증은 다음과 같지만 이에 국한되지 않는다는 사실을 이해합니다.
1) 출혈: 상처 및 상처표면의 출혈, 혈종으로 인해 재수술을 통해 지혈하거나 혈종을 제거할 필요가 있습니다.
2) 감염: 상처의 감염으로 인해 흉터조직이 증식될 수 있으며 정상피부일지라도 감염과 절개 배농으로 새로운 흉터가 생길 수 있습니다.
3) 흉터: 수술 후 수술 절개 및 수술 부위에 필연적으로 흉터가 남을 것입니다. 흉터 증식의 정도는 개인의 체질, 수술 부위, 연령 등 여러 가지 요소와 밀접한 관련이 있으며 집도의가 인위적으로 억제하거나 예측할 수 있는 것이 아닙니다.
4) 수술에서 사용하는 각종 조직 대용품은 거부반응이 일어날 수 있으며 수술 자체와 관계없이 보형물을 제거하거나 재수술을 할 필요가 있을 수 있습니다.
5) 부분적으로 피부의 색소침착이 발생할 수 있습니다.
6) 모든 수술 마취는 위험이 따르며 수술 마취에 사용하는 모든 약물은 가벼운 오심, 발진 등 증상에서부터 심각한 알레르기성 쇼크, 심지어는 생명 위험에 이르기까지 각종 부작용이 발생할 수 있습니다.

특수한 위험 또는 위험 요인:
본인은 개인의 병 상태에 따라 다음과 같은 특수한 합병증이나 위험이 발생할 수 있다는 사실을 이해합니다.

_____

상기의 위험이나 우발적 사고가 발생하면 의사는 적극적으로 대응 조치를 취할 것입니다.

환자의 선택:
본인의 주치의는 앞으로 시행할 시술의 방식, 본 시술 및 시술 후 발생 가능한 합병증, 위험, 가능한 치료방법을 설명했으며 수술에 관한 질문사항에 대해 답변을 했습니다.
• 본인은 시술과정에서 의사가 본인의 상태에 따라 예정된 시술방식을 변경하는 것에 동의합니다.
• 본인은 본인의 시술이 여러 의사가 공동으로 진행할 필요가 있다는 사실을 이해합니다.
• 본인은 시술의 백 퍼센트 성공 약속을 받지 않았습니다.
• 본인은 의사에게 시술을 통해 절개한 병변 기관, 조직 또는 표본을 처리할 권한을 위임합니다.

환자서명: 서명일자: 년   월   일
환자가 서명할 수 없을 경우 위임을 받은 대리인이 본 동의서에 서명하시기 바랍니다.
환자의 대리인 서명: 환자와의 관계:
                              서명일자: 년   월   일

의사 확인:
본인은 환자에게 수술의 방식과 본 수술 및 수술 후 발생 가능한 합병증, 위험, 가능한 치료방법을 설명했으며 수술에 관한 질문사항에 대해 답변을 했습니다.

의사서명: 서명일자: 년   월   일

3)

<table>
<tr><td colspan="3" align="center">수혈동의서</td></tr>
<tr><td>성명:</td><td>성별:</td><td>연령:</td></tr>
<tr><td colspan="3">서명일자:</td></tr>
<tr><td colspan="3">질병소개 및 치료계획:
　환자의 병 상태에 근거하여 수혈이 필요합니다. 수혈은 성공적인 치료를 위한 중요한 조치이자 환자의 생명을 구하기 위해 필요한 수단입니다.

환자 기본 상황:
진단: _____　혈액형: _____
수혈력:　있음　　　없음　　　임신력:　없음　　　임신____출산_____</td></tr>
<tr><td colspan="3">치료의 잠재적 위험과 대책:
　환자가 수혈을 받기에 앞서 의료진은 수혈 과정에서 발생 가능한 위험사항을 환자에게 명확하게 설명할 의무와 책임이 있습니다. 병원 측이 환자에게 제공하는 혈액은 수혈관리기관의 국가 표준에 따른 엄격한 검사를 거쳤지만 현재 과학 기술의 한계로 인해 지금까지 개발된 검사 방법으로는 바이러스 감염의 항체미형성기와 잠복기 문제를 완전히 해결할 수 없습니다. 따라서 정상으로 검증된 혈액을 수혈해도 전염성질환에 감염될 가능성을 완전히 배제할 수 없습니다.</td></tr>
<tr><td colspan="3">의사 확인:
　본인은 환자에게 수혈의 원인, 필요성 및 수혈의 잠재적 위험에 대해 설명했으며 수혈과 관련된 문제에 대해 답변을 했습니다.

　　　　　　　　　　　　　　　　　　　　　　　　　　　의사서명_____</td></tr>
<tr><td colspan="3">환자의 선택:
　수혈의 원인, 필요성 및 수혈의 잠재적 위험에 대해 의료진은 본인에게 충분히 설명하였으며 의학·과학기술의 한계로 인해 수혈 과정에서 상술한 위험을 완전히 피하기 어렵다는 것을 이해합니다. 본인은 필요한 수혈을 받는 것에 동의하며 잠재적인 위험을 자발적으로 부담하겠습니다. 수혈 기간 동안 우발적 사고나 긴급한 상황이 발생할 경우 병원이 이에 대한 필요한 조치를 취하는 것에 동의합니다.
　　　　　　　　　　　　　　　　　　　　　　　　　　　환자서명_____

　환자가 서명할 수 없을 경우 위임을 받은 대리인이 서명하시기 바랍니다.
　　　　　　　　　_____환자와의 관계_____</td></tr>
</table>

1)

手术(检查、麻醉)同意书			
病　　　　　　名:			
手 术 / 检 查 名 称:			
麻　　　　　醉:	□全身麻醉	□脊椎麻醉	□局部麻醉
主治医师(说明医师):			
医生已经告知我手术的必要性、内容、可能存在的并发症和后遗症等，我理解实施本手术可能发生的并发症或医疗意外，并承诺积极配合手术，如实告知下列内容。我授权主治医师实施本手术，并同意接受医师的必要处置。			
既往史:　□无　　　　　□有(　　　　　　　　　　　　　)			
特异体质及疾病: □药物过敏　　　□高血压　　　　□糖尿病 　　　　　　　　　□心脏病　　　　□出血倾向 　　　　　　　　　□其他(　　　　　　　　　　　　　)			
20　年　　　月　　　日　　　时　　　分			
患者或代理人	(印)		
地址			
本同意书经患者的签名或盖章生效，但如果患者有身体或精神障碍、患者为未成年人，无法签署本同意书，由授权亲属或代理人代签同意书。			

2)

输血同意书				
姓　　名		性　　别		
身份证号		日　　期		
病　　名		输血类型		

上述患者因＿＿＿＿＿＿＿＿＿＿＿＿需要输血。

主管医师:　　　　　　(印)

　　我院提供的血液通过大韩红十字血液院的最新方法，进行艾滋病(AIDS)抗体检测呈阴性，但是现有的检验手段不能够确认该血液不是抗体阴性艾滋病病毒携带者的血液，所以不能完全排除经血液感染艾滋病的可能性。
　　若患者指定献血者，立即接受输血，有可能输注未经传染性疾病(肝炎、梅毒、艾滋病、疟疾)检测的血液，存在感染上述疾病的风险。

主治医生已经告知我上述有关说明。
我同意接受输血。

患者姓名　　　　　　　　　　(印)

6. 수술기록지

중 → 한 中翻韩

수술기록지	
성 명:	진료기록번호:
일 자: 년 월 일	
수 술 명:	
수술시간: 시 분	
수술집도의:	보 조:
마 취:	마취의:
수 혈: ml	수 액: ml
절개부위:	
사용재료:	
수술경과:	
수술 중 상황 및 처치:	
	서명:

手术记录
OPERATION RECORD

Date of Operation(手术日期):

Name(姓名):	Sex(性别):	Age(年龄):

Anesthesia(麻醉):

Pre-operational diagnosis(术前诊断):

Post-operational diagnosis(术后诊断):

Name of operation(手术名称):

Findings and procedures(术中出现的情况及经过):

Tissue to path.(委托组织病理学检查): 　　Yes　　No	Drains(引流管)
Dictated/Written by(写作者)	Surgeon's signature(手术医生签名)

7. 간호기록지

중→한 中翻韩

간호기록지								
수술명:								
성명:			성별:				연령:	
입원번호:								

날짜	시간	활력징후			배액량ml		간호기록	서명
		체온 (℃)	맥박 (회/분)	혈압 (mmHg)	좌	우		

한→중 韩翻中

护理记录单							
姓名:			身份证号:		年龄:　　　岁		

日期		时间 Time	配药及处理 Medication & procedure	饮食 Dite	护理记录 Nurse Note	签名 Sign
月	日					

8. 진료비계산서

중 → 한 中翻韓

수술비계산서

_____환자는_____년_____월_____일 본원에서 _____수술을 했으며 수술
과정에서 _____재료를 사용하여 재료비_____위안(元), 수술비_____위안(元),
수술 중 약물비_____위안(元), 마취비_____위안(元), 진통펌프위안_____(元),
수술 후 약물비_____위안(元), 기타 재료비_____위안(元), 총 합계 인민폐_____위안(元)이
청구되었습니다.
(갖은자)____ 만 ___ 천 ___ 백 ___ 십 ___ 위안(元) ___ 자오(角) ___ 펀(分).

비고:

고객서명:

간호사서명:

의사서명:

년   월   일

□门诊 □住院 (□出院 □中间) 就诊费结算表、收据			
患者注册号	患者姓名	就诊期间	夜间(公休日)就诊
		自　　·　　· 至　　·　　·	□ 夜间　□ 公休日
就诊科室	疾病诊断相关组 (DRG)号码	病房	患者类型	收据号码 (年月-编号)

项目		医疗补贴(①+②)	非补贴③	金额结算内容	
必选项目	诊　察　费			就诊费总额④ (①+②+③)	
	住　院　费				
	餐　　　费			患者自付总额⑤ (①+③)	
	药物及调剂费				
	注　射　费			已缴纳金额⑥	
	麻　醉　费				
	处置及手术费			应缴纳金额⑦ (⑤-⑥)	
	检　查　费				
	影像诊断及 放射治疗费				
	治疗材料费				
	全额个人自付				
选择项目	康复及理疗费				
	康复及理疗费				
	精神疗法费				
	ＣＴ诊断费				
	ＭＲＩ诊断费				
	超声波诊断费				

修复、矫正费			
输 血 费			
专 家 就 诊 费			
共计			
个人自付额①			
保险人支付额②			
营 业 证 号		商 号	
营 业 地 点 所 在 地		姓 名	
年 月 日			

9. 진료확인서

중→한 中翻韩

진료확인서		
성명:	성별: 남 여	연령:
직장:		
입원번호:		
입원일: 20○○년○월○일부터 20○○년○월○일까지		
진단:		
의사 소견:		
발급일: 20○○년○월○일 의사○○○(인) **○○병원**		

就诊证明书					
姓名:		性别:		年龄:	岁
地址					
病名					
住院治疗		自　年　　月　　日 至　年　　月　　日(共　　天)			
门诊治疗		自　年　　月　　日 至　年　　月　　日(共　　天)			
实际门诊治疗日期	月				
	月				
	月				
证明患者接受上述诊疗。 发给日期:					
医疗机构名: 地址: 医师执照号码: 专业医师执照号码: 院长: 电话号码:					

10. 처방전

처방전				
의료보험카드번호:			처방일련번호:	
성명:	성별:		연령:	
외래/입원번호:	진료과:		일자:	
임상진단:				
의약품	총수	1회	용법	참고사항
의사:	심사약사:		금액:	
조제약사:	검토약사:		발급약사:	

<table>
<tr><th colspan="9">处方笺</th></tr>
</table>

患者	姓名		医疗机构	名称	
				电话号码	
	身份证号			传真号码	
				电子邮件	

疾病分类代码		处方医师姓名	

处方药品名称	一次用量	一天用药次数	总用药天数	用法

注射剂处方内容(院内调剂( ), 院外处方( ))			调剂参考事项

使用期间: 发给后( )天内, 须提交给药店。

药品调剂内容

调剂内容	调 剂 机 构 名 称		处方变更、修改、确认替代时需标明其内容等
	调 剂 药 师	姓名: (签名或盖章)	
	剂 量 (调 剂 天 数)		
	调 剂 年 月 日		

11. 주의사항

안면 수술 후 주의사항
1. 수술 후 붕대가 풀리지 않도록 주의하세요. 붕대를 풀려면 반드시 의사의 동의를 받아야 합니다. 붕대에 이상이 생기면 즉시 내원하셔서 처치를 받으세요.
2. 환부와 드레싱을 청결하고 건조한 상태로 유지하세요. 수술 후 48시간 동안은 냉찜질을 하시고, 3일 후부터 온찜질을 하세요. 7일째에 내원해서 실밥을 풉니다. 단, 얼굴 주름제거 수술은 수술 후 10~14일에 실밥을 풀어야 합니다.
3. 수술 후 수술부위가 심하게 붓거나 통증이 심하거나 환부에서 이상 분비물이 나오거나 눈 수술 후 시력이상이 발생하면 즉각적인 처치를 위해 바로 병원에 연락하시기 바랍니다.
4. 수술 후 2주 동안 매운 음식을 삼가고, 흡연과 음주는 금하도록 합니다.
5. 구강 내 절개를 통해 수술을 한 환자는 수술 후 3~5일 동안 식후에 가글로 양치를 해야 하고, 눈꺼풀 결막을 통해 절개를 한 환자는 수술 후 3~5일 동안 항생제 안약을 점안하여 감염을 예방해야 합니다.
6. 수술 후 다음 날과 일주일 뒤 내원하세요.
7. 의사의 특별지시사항:
환자서명: 전화: 의사서명: 전화: 병원야간전화: 년   월   일

鼻部手术术后须知

1. 术后约一个月内要到医院门诊部来接受治疗。
2. 术后忌用力擤鼻子。
3. 术后至少两周内一定要避免桑拿。(可以洗淋浴)
4. 术后两周内一定要避免剧烈运动。(可以缓慢散步)
5. 术后四周内最好避免游泳。
6. 术后至少两个月内，不宜吸烟、饮酒。

〈术后出血的处理方法〉
1. 术后塞鼻子的药棉被浸湿时，请更换药棉。
2. 若鼻血流出来，并进入喉咙，请打下面电话。
3. 若有其他疑问，或因术后出血需要接受急诊，请打(   )。

紧急手机：(   )
祝您早日恢复健康！

제22장 원외 문서

1. 광고·홍보문

중 → 한 中翻韩

○○대학교 부속 ○○병원 소개

　1907년 설립된 ○○병원은 ○○대학교 부속 종합병원으로서 현재 중국일류의 의학교육·연구센터로 성장하여 국내외적으로 명성을 떨치고 있습니다.

　○○병원은 뛰어난 의료기술을 보유하고 있습니다. 2,000명에 달하는 전체 직원 중에서 의료전문기술인력이 80%를 차지하며 많은 전문의와 교수들이 대내외적으로 높은 인지도를 자랑하고 있습니다.

　○○병원은 일반 진료장비는 물론, PET-CT, 감마나이프, MRI, 컬러 도플러 초음파 시스템, 초음파 나이프, 엑스 나이프, 충격파쇄석기, 선형가속기 등 세계 최첨단 의료기기 및 설비를 도입하여 진료수준의 향상을 도모하고 있으며 의료설비 면에서 중국 최고의 수준을 자랑할 뿐 아니라 세계적인 수준에도 근접해 있습니다.

　병원 전체에 총 39개의 진료과가 설치되어 있으며 특화진료 과목을 많이 확보하고 있습니다. 1,216병상 규모의 ○○병원은 우수한 의료기술과 서비스로 환자들의 사랑을 받고 있으며 특화된 진료로 중국 전역에서 많은 환자들이 찾아오고 있습니다. ○○병원의 연간 외래 및 응급환자수는 150만여 명, 입원환자수는 2만여 명에 달하며 이 중 약 50%가 중국 각지에서 전원한 난치병 환자로 신경내·외과와 피부과의 비율이 높은 편입니다. 이밖에 신장투석센터와 중환자실(ICU)도 상당한 규모와 수준을 갖추고 있으며 중환자의 응급처치 성공률은 90% 이상에 달합니다. 1996년에는 '위성원격협동진료센터'를 설립하여 위성을 통해 전국의 환자들을 원격 진료하고 있습니다.

　새로운 세기, ○○병원은 '개혁, 공헌, 창조, 근면' 정신을 바탕으로 '일류 경영, 일류 기술, 일류 설비, 일류 서비스'를 갖춘 최고의 종합병원을 만들기 위해 최선을 다할 것입니다.

1)

○○大学○○医院

　　○○大学○○医院在消化道疾病、脊椎疾病、关节疾病的内窥镜及无创治疗方面，是韩国屈指可数的医院。为了发展成为世界级医院，本院正在迈开前进的步伐。

　　我院位于闻名世界的旅游城市○○，病人在美丽的湖畔城市，可接受舒适的治疗。本院具备老年疾病、癌症乃至心脏及脑血管疾病的先进诊断设备。最新引进的 "达芬奇手术机器人系统" 有助于避免主刀医师手部颤抖，可提高手术的精确性和安全性，而且切口很小，病人的恢复速度很快。进入亚洲100大大学排名的○○大学培养了大批一流医护人员，拥有五所附属大学医院。在这里，您可体验到韩国最高医疗服务。

　　我院与全球著名大学医院保持着良好合作关系，共同进行深入研究，从而提供优质医疗服务。面对全球灾害，第一时间奔赴现场，提供爱心医术，得到全球人士的喝彩。本院提供英语和日语等外语翻译服务，帮助病人进行各种咨询及就医检查，并提供来院日程安排、机场接送、联系保险公司等服务。同时，具备先进 "u-health技术"(融合电子、信息和医学技术)，病人通过在线远程会诊，可得到持续的护理。我院根据博爱平等精神，提供优质医疗服务，从而将造福于人类。谢谢！

---

2)

○○韩医院

追求美丽的生活，专为女人打造的女性韩医院

　　○○韩医院以 "女性的、为女性的、由女性的" 为经营理念，专为女性提供韩医服务，并为实现健康美丽的生活，进行不懈的研究和努力。

　　本院设有韩方诊疗专科、韩方皮肤管理中心、韩方头皮管理中心，并完善一条龙治疗管理系统，开设韩方女性诊疗专科/利用美容针、埋线针疗法、玻尿酸的韩方整形诊疗专科/皮肤美容诊疗专科/肥胖诊疗专科/脱发诊疗专科/防老诊疗专科等。

　　最近在首尔狎鸥亭洞开设韩方医疗旅游诊疗专科及韩方皮肤管理中心，为韩国乃至全球人士的"健康美"而尽最大的努力。

　　谢谢！

---

2. 설명문

중→한 中翻韩

본원의 진료 프로그램

❖ 레이저 미용 프로그램

   레이저 장비를 최신으로 교체하여 기존의 제모, 잡티 제거, 색소질환 치료 외에 실핏줄 제거, 미백, 피부재생, 주름개선 기능이 추가되었습니다.

   ◆ 잡티, 점 제거: 주근깨, 기미, 검버섯 등 피부 색소질환 치료

   ◆ 문신 제거, 눈썹문신 제거, 아이라인 문신 등

   ◆ 주름 제거, 모공 축소, 미백, 여드름 제거, 모세혈관확장증 치료 등

   ◆ 레이저 영구 제모

❖ 체형 성형 프로그램

   ◆ 지방흡입: 얼굴, 목, 팔, 허리, 배, 엉덩이, 허벅지, 종아리 등 부위별 체형 교정

   ◆ 복벽성형술: 출산 후 심하게 복벽이 늘어진 여성을 위한 수술

❖ 퀵 성형 프로그램

   ◆ 자가지방 이식 주사

   ◆ 보톡스 주사 주름제거, 얼굴축소

     – 보톡스 치료는 비외과적 수술 치료법으로 숙련된 전문의가 미세한 바늘로 소량의 보톡스를 안면근육에 주입합니다. 일반적으로 보톡스 주사는 10분의 시간이 소요되며 치료가 끝난 후 바로 일상생활이 가능합니다.

❖ 악안면 성형 프로그램

   ◆ 하악각성형: 하악각이 비대한데다 저작근 비대가 함께 있어 사각턱처럼 보이는 것은 선천적이거나 후천적 발육상의 결함입니다. 동양인들은 타원형 얼굴을 아름답다고 여깁니다. 최근 하악각절제술(사각턱 수술)은 성형외과의 보편적인 수술로 자리 잡고 있습니다.

诊疗项目简介
◎ **肉毒素注射**(Botox) 有一些人因为咀嚼东西时用的咀嚼肌过于发达, 下颌肥大, 脸形方方正正。在发达的咀嚼肌部位注射肉毒素, 可以让肌肉萎缩, 使下颌变瘦。注射肉毒素萎缩肌肉来达到除皱或瘦脸的效果, 多用于去除皱纹、缩小下巴等美容治疗。
◎ **填充剂注射** 用填充剂注射, 将皮肤的凹陷疤痕或皱纹等组织损伤部位再填充起来, 可以达到理想的美容效果。利用生物相容性良好的填充剂, 可消除面部皱纹, 并把面部轮廓矫正为自己喜欢的样子。特别是对消除八字皱纹(鼻唇沟)有效, 也可用于丰唇、垫下巴手术。
◎ **方下巴手术** 大脸和方角下巴会给人以凶悍、倔强的印象。通过手术, 可以将方形脸变成瓜子脸。
◎ **颧骨手术** 对女性来说, 高而宽的颧骨给人以强悍的印象, 并显得脸大。脸上颧骨过于突出时, 通过颧骨手术, 可以让面部轮廓变得柔和, 显得脸小。
◎ **长下巴、无下巴手术** 上下牙齿咬合得好, 但有下巴前突或后缩等异常时, 仅通过下巴手术, 即可以获得良好的效果。

3. 질의응답(Q&A)

중 → 한 中翻韓

구강질환 궁금증, 전문의에게 물어보세요

◆ 치주질환(풍치)이란?

치아는 시멘트질, 잇몸, 치주인대, 치조골 등 치주조직을 통해 턱뼈에 단단하게 고정되어 있습니다. 치아를 나무에 비유한다면 치주조직은 나무뿌리(치근)을 둘러싼 '토양'이라고 할 수 있습니다. 또 치아를 빌딩에 비유한다면 치주조직은 지반에 해당합니다. 치주질환은 세균에 의한 치주조직의 감염으로, 이러한 감염은 염증을 일으키고 치아를 둘러싼 치조골이 점차 흡수되어 결국 치아가 흔들리게 됩니다. 나무뿌리를 둘러싼 토양이 침식되면 나무가 쓰러지고, 지반이 튼튼하지 않은 빌딩은 무너지게 되는 것과 마찬가지 이치입니다.

◆ 정기적인 스케일링이 필요한가요?

스케일링은 치과의사가 스케일링 기계를 이용해 치아의 이물질을 제거하는 것입니다. 현재 스케일링은 주로 초음파 스케일링기계를 사용합니다. 정기적인 스케일링은 치주질환을 예방하고 치료하는 가장 기본적이고 효과적이며 중요한 방법으로, 치아의 심미성, 구강의 쾌적함을 위한 것일 뿐 아니라 질병유발 요인을 제거하여 치아를 튼튼하게 하고 구강질환을 예방하고 치료한다는 점에서 중요합니다.

◆ 치아미백이 효과가 있나요? 스케일링과 어떤 점이 다른가요?

스케일링은 초음파로 치아 주위의 치석 등 질병유발 물질을 제거하는 것으로 치료 목적의 시술이고, 치아미백은 치아표면이나 내부의 착색을 산화환원 방법으로 제거하는 것으로 미용 목적의 시술입니다.
치아미백의 효과는 사람에 따라 다릅니다. 일반적으로 담배, 차, 커피 등으로 인한 착색에 효과적이고, 테트라사이클린 변색치나 치아 불소침착증으로 인한 심한 변색에는 효과가 미미합니다. 변색이 심한 치아는 전부도재관이나 도재라미네이트를 이용해 심미 수복을 할 수 있습니다.

◆ 이 사이가 벌어졌는데 어떻게 치료할 수 있나요?

일반적으로 이 사이가 벌어지고, 치아 결손이 크고, 특히 앞니가 빠졌을 경우에는 전부도재관 수복을 할 수 있습니다. 반면 치아 결손이 크지 않고 이 사이가 약간 벌어졌을 때는 라미네이트 수복을 선택할 수 있습니다. 라미네이트 미백은 치아 일부를 얇게 삭제한 뒤 치아표면에 세라믹 박편을 붙여 변색된 치아를 가리는 것으로, 시술 후 바로 미백 효과를 볼 수 있습니다. 최근에는 라미네이트의 색깔이 다양해져서 매우 자연스럽게 연출할 수 있습니다.

牙科一般常识(问答)

◎ **什么是牙周病？由什么原因导致的？**

牙菌斑内细菌分泌的毒素引发牙龈炎症(牙龈炎)。毒素刺激牙龈，使牙龈变得红肿，触碰牙龈感到疼痛，容易肿胀出血。炎症发展下去，这些毒素影响牙齿周围组织，形成一种龈沟，称为"牙周袋"。这一龈沟加深，牙周袋内更容易形成细菌膜。

发展到这个程度，毒素还会引起牙齿周围牙槽骨的永久破坏，导致牙周病。结果，牙齿会松动，若不及时治疗，最终牙齿会自行脱落。除了细菌以外，遗传、压力、糖尿病、怀孕等其他因素也可能影响牙龈健康。

◎ **什么是洗牙？**

洗牙，又称"牙石去除术"，是指去除导致牙周病的罪魁祸首——牙菌斑和牙石，并磨光牙面。刷牙后也仍留存的食物残渣形成一种细菌膜，这被称为"牙菌斑"。牙菌斑渐渐吸收唾液中的钙成分，钙化成石头般坚硬的牙石。一旦产生牙石，仅通过刷牙很难去除，为了去除牙石，需要接受由牙科专家施行的牙石去除术(洗牙)。最近，超声波洁牙机得到广泛应用。

◎ **什么是专家牙齿美白？**

专家牙齿美白不使用磨除牙齿的方法，而使用牙齿漂白剂，使牙齿色泽变白、变淡，使变色或着色的牙齿恢复原有牙齿颜色。牙齿美白让你拥有雪白的牙齿和灿烂的微笑，还会增强信心，助你恢复良好的人际关系。

〈美白方法〉
1) 首先，清除附着于牙齿表面的牙菌斑或异物。
2) 清洗完毕后，吹干牙齿表面。
3) 将高浓度的漂白剂涂抹在牙齿表面，躺30分钟~1个小时即可。
(此时，为了加速反应，使用激光照射。)

◎ **牙齿美白术的治疗效果可以维持多久？**

每个患者的治疗效果维持时间都有差异，一般来说，过1~3年后还需进行再次治疗。如果避免香烟、咖啡等导致变色的物质，可以得到更持续的效果。

◎ **门牙间隙大，矫正治疗以外，还有什么治疗方法？**

有很多人来医院修复牙缝。修复牙缝的方法中最简单的是用复合树脂来制作牙齿修复体。这种方法的优点是磨切牙体组织较少，是一种保守疗法，但缺点是过度用力可导致修复体脱落。瓷贴面是将牙齿表面磨除一层后，用牙医技工室制作的很薄的瓷性材料覆盖、粘贴到牙齿上。跟树脂修复方法相比，瓷贴面更为美观、坚固。全瓷冠是将整个牙齿磨除后，用瓷性材料覆盖牙齿。其优点是美观，强度高，但缺点是磨除牙体组织的量较大，可适用于没有其他治疗方法的患者。根据患者的个人情况，治疗方法的应用范围也不同。因此，您最好去医院咨询合适的治疗方法。

4. 계약서

중→한 中翻韩

위탁 교육 계약서

갑: 중국○○대학교
을: 한국○○병원

　양측의 우호적인 협상을 거쳐 중국○○대학교(이하 '갑'이라 함)는 한국 ○○병원(이하 '을'이라 함)에 (1) 성형미용/에이전시 마케팅 경영 교육 (2) 감성마케팅 교육을 위탁한다. 위탁 기간은 20일이며 양측의 권리와 의무는 다음과 같다.

　제1조 원활한 교육 활동을 위해 교육 시작 이틀 전까지 갑은 이번 교육 활동의 여정, 접견 장소 등의 사항을 을에 통보한다. 갑이 을에게 적시에 통보하지 않아서 을이 현장에 도착하지 못함으로 인해 발생한 손실은 갑이 부담한다. 갑이 을에게 적시에 통보했으나 을이 제때 현장에 도착하지 않음으로 인해 발생한 손실은 을이 부담한다.

　제2조 교육 기간 동안 인턴학생들의 아침식사와 저녁식사 및 숙박은 갑이 계획하고 부담하며, 을은 점심식사를 제공한다.

　제3조 갑은 을에 교육비 ○○○원을 지불해야 한다.

　제4조 본 계약은 서명한 날로부터 효력이 발생한다.

　제5조 본 계약에서 다루지 않은 사항은 양측이 상호 합의하여 본 계약을 보완한다.

갑: 중국○○대학교　　　　　　　　　을: 한국○○병원
법정대표인(서명):　　　　　　　　　법정대표인(서명):
일자:　　　　　　　　　　　　　　　일자:

合作发展医疗旅游的谅解备忘录(MOU)

为通过医疗旅游产业的发展和医疗旅游人才的培养谋求共同发展，韩国○○大学和中国○○研究院在医疗旅游人才培养事业方面，将建立紧密合作关系，为此双方达成如下协议：

1. 韩国○○大学和中国○○研究院在以下领域进行合作。

   一、医疗旅游人才培养事业

   二、医疗旅游产业工作分析和资格证开发

   三、医疗旅游相关政策的促进、咨询及评价等

   四、医疗旅游领域各种磋商机制的组织及运营

   五、其他医疗旅游事业模式开发及与中央政府进行协调

2. 本协议内容经双方友好协商可以修改。

3. 其他所需条款经双方协商进行处理。

   为了切实履行协议内容，本协议一式两份，经双方盖章后，各执一份。

20＿＿年＿＿月

韩国○○大学大学   中国○○研究院

校长   (公章)   院长   (公章)

5. 서신

```
중 → 한  中翻韩
```

한국○○병원 귀하

안녕하십니까?

작년 12월, 중국○○학회 일행 20명은 한국○○협회의 초청으로 한국을 방문했습니다. 방문기간 동안 본 학회 △△△회원은 만성 천식 발작으로 잠시 의식을 잃고 호흡이 멈춰 생명이 위독했습니다. 위급한 순간 환자는 ○○병원으로 빠르게 후송되어 응급처치를 받았습니다. ○○병원 응급의학과 당직 의사와 간호사는 최선을 다해 긴급히 환자를 응급처치했으며, 그 결과 이튿날 아침 환자의 상태가 안정되었습니다. 상태가 더 안정된 후, 환자는 중국으로 돌아와서 후속 치료를 받았습니다.

응급처치 과정에서 ○○병원의 의료진은 숭고한 인도주의 정신과 뛰어난 의료기술을 보여 주었습니다. ○○병원의 빠른 구조 덕분에 △△△회원은 위험한 고비를 넘겼고, 중국○○학회의 한국 방문도 순조롭게 마무리될 수 있었습니다. 이에 ○○병원에 진심으로 감사드리는 바입니다.

그럼 여기서 이만 줄이겠습니다. 안녕히 계세요.

20○○년○월○일
중국○○학회

中国○○公司总经理△△△:

您好！

我是韩国江原道○○中心主任△△△。

首先，非常感谢您在百忙之中抽出时间参加X月XX日在○○饭店举行的医疗旅游说明会。

由于时间的关系，对于江原道医疗旅游，我们未能提供足够的说明，也未能与您进行更为充分的交流，对此感到抱歉和遗憾。

然而，此次中国之行对我来说是非常宝贵的。我不但能够与关注江原道的很多朋友见面，而且亲眼目睹了高速发展、充满活力的中国。希望今后能够继续与您保持良好的关系。

江原道是韩国一流的旅游胜地，也是最佳居住地点。我们期待以后有更多的中国人访问江原道，在享受江原道自然风光的同时，也能确保自己的身体健康。为此，希望得到贵公司的积极支持与合作。

若您有什么疑问，或需要进一步商讨有关问题，请与本中心或者参加本次说明会的医疗机构及旅游公司联系。

再次感谢您参加本次说明会。祝贵公司生意兴隆，财源广进！

此致

敬礼

韩国江原道○○中心主任

2○○○年○月○日

부 록

<중국어의 한글 표기법>

(출처: 국립국어원 어문규정 외래어 표기법에서 발췌 · 편집)

성모		운모	
한어병음	한글	한어병음	한글
b	ㅂ	a	아
p	ㅍ	o	오
m	ㅁ	e	어
f	ㅍ	ê	에
d	ㄷ	yi (i)	이
t	ㅌ	wu (u)	우
n	ㄴ	yu (ü)	위
l	ㄹ	ai	아이
g	ㄱ	ei	에이
k	ㅋ	ao	아오
h	ㅎ	ou	어우
j	ㅈ	an	안
q	ㅊ	en	언
x	ㅅ	ang	앙
zh [zhi]	ㅈ [즈]	eng	엉
ch [chi]	ㅊ [츠]	er (r)	얼
sh [shi]	ㅅ [스]	ya (ia)	야
r [ri]	ㄹ [르]	yo	요
z [zi]	ㅉ [쯔]	ye (ie)	예
c [ci]	ㅊ [츠]	yai	야이
s [si]	ㅆ [쓰]	yao (iao)	야오
		you (iou, iu)	유

		yan (ian)	옌
		yin (in)	인
		yang (iang)	양
		ying (ing)	잉
		wa (ua)	와
		wo (uo)	워
		wai (uai)	와이
		wei (ui)	웨이 (우이)
		wan (uan)	완
		wen (un)	원 (운)
		wang (uang)	왕
		weng (ong)	웡 (웅)
		yue (üe)	웨
		yuan (üan)	위안
		yun (ün)	윈
		yong (iong)	융

※ [ ]는 단독 발음될 경우의 표기임.
※ ( )는 자음이 선행할 경우의 표기임.
※ 표기세칙
  - 제1항 성조는 구별하여 적지 아니한다.
  - 제2항 'ㅈ, ㅉ, ㅊ'으로 표기되는 자음 뒤의 'ㅑ, ㅖ, ㅛ, ㅠ'음은 'ㅏ, ㅖ,ㅗ, ㅜ'로 적는다.

참고문헌

1. 국내 문헌

강흥림 외(2010), 『의료관광 코디네이터 실무론』, 소화.

국립국어원(2007), 『전문 용어 연구(정리 현황과 과제)』, 태학사.

김난미 외(2005), 『언어의 혁명 통역 번역 핵심 가이드북』, 현학사.

김진용 외(2007), 『전문용어 구축 연구』, 한국과학기술정보연구원.

맹주억(2002), 『중국어 편지쓰기』, 문예림.

문성민(2010), 『의료관광 들여다보기』, 대왕사.

백태선(2008), 『양한방 똑똑한 병원 이용』, 전나무숲.

신동희 역(2003), 『병원기록물관리: 공공부문기록관리 교육프로그램, Managing hospital records』, 진리탐구.

신재기, 유명희(2009), 『의료관광 마케팅』, 한올출판사.

안병기, 원영주(2007), 『진료비청구 심사실무(입문용)』, 보문각.

우봉식, 강한승(2010), 『의료관광산업개론』, 대원사.

이정식(2005), 『OK 중국어 비즈니스 실무문서(야스미 다카시게)』, 다락원.

이향 외(2004), 『통번역과 등가, Identite, alterite, equivalence?: la traduction comme relation (Fortunato Israel)』, 한국문화사.

전성기(2001), 『번역의 오늘: 해석 이론, La traduction aujourd'hui(Marianne Lederer)』, 고려대학교 출판부.

정연일, 남원준(2006), 『번역학 입문, Introducing translation studies(Jeremy Munday)』, 한국외국어 대학교 출판부.

정연일, 주진국(2006), 『번역행위의 목적성: 기능주의 번역론의 관점, Translating as a purposeful activity(Christiane Nord)』, 한국외국어대학교 출판부.

지제근(2006), 『지제근박사의 의학용어 이야기』, 아카데미아.

차경섭(1997), 『중국어 편지쓰기』, 홍신문화사.

한국보건복지인력개발원(2010), 『의학용어 소사전: 중국어편』, 한국보건복지인력개발원.

홍준현(2009), 『의무기록정보관리학』, 고문사.

2. 국외 문헌

常艳群, 秦成勇, 孙广恭(2011), 《最新病历书写基本规范解读》, 军事医学科学出版社.

朵琳编辑部(2010), 《美齿速成100招》, 河南科学技术出版社.

湖南省卫生厅(2004), 《病历书写规范与管理规定及病例(案)》, 湖南科技出版社.

胡运生, 李文海, 黄怡英(2009), 《文病历书写基础》, 湖北科学技术出版社.

霍仲厚(2009), 《病历书写示范》, 江苏科学技术出版社.

解晓明(2008), 《医院公文写作规范与范例》, 西安交通大学.

金海、吴龙仁(2008), 《最新医学英语缩略语双解词典》, 军事医学科学出版社.

赖雁(2008), 《医疗文书书写》, 科学出版社.

凌云霞, 杨顺秋(2010), 《护理文书书写基本规范——护理文书必备指导用书》,军事医学科学出版社.

刘新民等(2010), 《如何看懂化验单》, 辽宁科学技术出版社.

青木诚孝、青木芳和(2009), 《精准解读:健康检查报告书》, 辽宁科学技术出版社.

阮田保(2009), 《医药工作应用文》, 科学出版社.

施长溪(2010), 《临床美容牙科学彩色图谱》, 第四军医大学出版社.

台保军(2010), 《普通人群口腔健康指导》, 人民卫生出版社.

万金淼、郑民(2009), 《医学应用文写作》, 山东人民出版社.

王颖、吕和发(2007), 《公示语汉英翻译》, 中国对外翻译出版社.

吴殿源、 戴志鑫(2006), 《病历书写基本规范实用手册》, 军事医学科学出版社.

徐丛剑(2006), 《病历书写》, 人民军医出版社.

徐书珍、马海燕(2007), 《医疗文书书写规范与病案管理》, 军事医科出版社.

张义(2007), 《自己看化验单》, 山东科学技术出版社.

지은이 소개

김남이(nami-0711@hanmail.net)
　현 한림대학교 의료관광인재양성센터 객원교수
　　이화여자대학교 통역번역대학원 강사
　　한국문학번역원 한국도서 해외홍보 간행물 『list』 중문판 책임편집인

　이화여자대학교 중어중문학과 졸업
　이화여자대학교 통역번역대학원 한중과 석사
　이화여자대학교 통역번역대학원 통번역학 박사 수료
　역서 『요리의 향연』, 『중국인의 꾀주머니』 등

중국어권 의료관광 서류의 번역과 작성

초판 발행 2011년 3월 22일

지은이   김남이
펴낸이   고화숙
펴낸곳   도서출판 소화
등록   제13-412호
주소   서울시 영등포구 영등포동 7가 94-97
전화   02-2677-5890
팩스   02-2636-6393
홈페이지 www.sowha.com

ISBN 978-89-8410-401-3 93320

값 17,000원

잘못된 책은 언제나 바꾸어 드립니다.